产业化路径与本土化思维

——中国广播电视产业海外战略实例研究

杨文延◎著

创于1897 商务印书馆 The Commercial Press

2012年·北京

图书在版编目(CIP)数据

产业化路径与本土化思维:中国广播电视产业海外战略实例研究/杨文延著.—北京:商务印书馆,2012

ISBN 978-7-100-09179-4

Ⅰ.①产… Ⅱ.①杨… Ⅲ.①广播电视—产业经济学—研究—中国 Ⅳ.①G229.2

中国版本图书馆CIP数据核字(2012)第104435号

产业化路径与本土化思维

——中国广播电视产业海外战略实例研究

杨文延 著

商 务 印 书 馆 出 版

(北京王府井大街36号 邮政编码100710)

商 务 印 书 馆 发 行

北京民族印务有限责任公司印刷

ISBN 978-7-100-09179-4

2012年11月第1版 开本880×1230 1/32

2012年11月北京第1次印刷 印张7¼

定价:23.00元

自序

当今全球化的媒体市场是一个相互依存程度越来越高的场所，一个制约共同叙事的各种规则得到发展和运用的场所；它也是一个空间，一个各种意识形态相互竞争、并结成最终决定政府和国家本身持续发展不同联盟的空间；它还是一个竞技场，一个形象成为权力的补充或替代物的竞技场。三十年前有线电视引发了传播领域的革命，之后通讯卫星的诞生和近十年来互联网及其他新技术的融合、发展，以美国为首的西方世界成功地对其境外国家实施了媒体全球化和媒体本土化的战略。可以说当今世界75%的媒体掌握在西方国家，而发展中国家仅占25%，中西方媒体的强弱态势对比明显。仅以中国为例，至今仅在中国上空就有境外卫星节目2000多套，其中自由亚洲电台等八个专门针对中国广播的本土化节目播出的电台就有160多个频率，每天播音500多小时。几十年来，西方国家早已把电台和发射台架到了中国的家门口，它们的播出信号每天覆盖在我们的国土上空。而这些电台、电视台用着我们国家的语言、研究着我们的受众接受方式和文化习惯、用他们的视角和观点解读着我们国家的事情和全球每天发生的新闻事件。而我国在媒体国际传播力建设上，虽然对外宣传工作、走出去工程取得了一定的成就，但就整体而言都处在一个被动和保守的弱势地位，这在战略上与西方主要国家处在一个不对称的起点上。因此，西方媒体话语权的强势和传播力的强大并非是一日之功。

纵观全球国家控制（媒体）正从单一的内向形式向外向的、地区性的、多变的途径转变，从法律和法规方式向谈判和协议方式转变。一个国家通过媒体将触角伸向另一个国家的情况并不是新鲜事物，而围绕思想流动、信息流动和纯数据流动的协商活动也在日益加强。进入新世纪和中国加入世界贸易组织以来，我国综合国力大幅提升，成功举办了奥运会，在金融危机面前从容自信，我们的国企、民企、股份制企业对外经贸合作不断向全方位、宽领域、高水平发展，这些都引起世人惊羡，一些西方国家开始忌惮，甚至采取种种手段来围堵。伴随而来的贸易摩擦、商务争端、领土争议，包括国内一些在任何国家发展期都会出现的正常问题，往往在他们的强势媒体面前就会把“个别问题扩大化，单一问题复杂化，一般问题政治化，最终把所有问题都说成是社会制度弊端”。使我们不得不抽出精力和时间去应对一些不该有的麻烦。

我们的媒体，包括我们的广播电视媒体，并没有随着我们国家经济的崛起而崛起，这就使我们处于一个经常被强势话语权覆盖和打压的地位。因此，改变这种被动局面，应该在传统的“隔空而战”、“落地而战”的基础上，充分研究和利用各种国际法则、各个国家规制，采取产业化的运作方式、本土化的节目思维，让我们的声音在所在国能够适时入空、入土、入网、入脑、入心、入群，从而重塑和改变我们的全球化媒体架构和传播体系。这不仅会大大提高我们媒体的传播力，也是实现我国现实利益和长远利益的需要。

我们国家目前实施的广播电影电视“走出去工程”、“文化走出去工程”、“国际在线广播”，尤其是国际电视长城平台的建设，这些海外落地的媒体和节目，使我们国家的对外宣传有了长足的进步，受到世界各国人民和华人、华侨、华裔的欢迎，中国的正面形象越来越在世人面前清晰、丰满起来，我们的广播电视和文化产品在西方主流国家落地率在不断提升，影响也在逐步扩大，但离真正的产业化、本土化还相去甚远。由于文化的天然隔阂、制度和意识形态的各自坚守，每每遇到贸易争端和突发事件，大家还是各自表述，互不兼容，用一位常驻国外记者的话说：西藏 3.14 事件和新疆 7.5 事件发生后，大部分美国人不看我们中央电视台落地的第 4 套和第 9 套节目，而一些爱国华侨和华裔乃至在美国的其他国家的侨民，又不完全相信美国媒体的一些宣传，大家又苦于找不到一个极具参考价值的媒体，只能靠往国内打电话或其他方式来了解事实真相。媒体中界地带成了一个空白。这不得不让人思考，我们的媒体虽近在咫尺却仍然如在天边。其显而易见地存在以下几个问题：

一、文化习惯没有本土化。我们在国外落地的电视整频节目，如央视 4 套和央视 9 套节目，同时担负着宣传国内受众的任务，限于国内整个宣传口径和国内民众的收视习惯的要求，以及国内广告商家、受众调查、创收指标等，不可能放开手脚，因此，其所制作的节目在文化习惯、语言风格、表述方式、风土语境上就不可能完全适合外国受众口味。尽管我们在栏目设置、受众定位、时空统筹、艺术策划等技术上绞尽脑汁，但仅靠隔海、隔空、隔洋去灌输我们的制作思维和栏目习惯，难免有囫囵吞枣、鞭长莫及、隔靴搔痒之感。而真正润物无声的、自然而融洽的沟通恰恰是地道的、本土化的文化思维程序。

二、节目制作没有本土化。纵观我们国家媒体至今很少有在海外合资、独资办电台、电视台的，更少见有民营公司走向海外办媒体。在当今世界经济一体化、意识形态多元化的今天，这本身就使我们处在一个缺位的弱势地位。就媒体经济而言，我们既没有进行投入，也就没有产出，更谈不上媒体经济产业化。而西方受众是在西方媒体公司制作习惯或曰制作文化语境中培养出的对广播电视的消费习惯，他的广播电视节目是结在他的媒体之树上的果实，天时地利人和全部占尽，我们的广播电视文化资源没有自己的本土化载体，因此我们的产品很难获得国外市场。

三、人员结构没有本土化。本土化确实需要一定的有本土化结构的人才来实现，但本土化不一定就是本地人，如：科学合理地启用国际知名专家学者，娴熟利用采访、做客、特邀、互动形式邀请外籍居民、中间人士、国际机构人员等方式，使无论在什么国度、文化背景甚或意识形态背景下生活的受众都能接受。目前这方面还做得不好。尽管我们在外籍编辑记者、外籍播音员的起用上有很大突破，但是他们在我们的媒体中并非主流、主导者，他们真正发挥的空间有限。

这里特别需要提出的是，本土化不是一个狭隘的理解和运作，最重要的是本土化立体思维的建立。值得一提的是凤凰卫视在这方面有不少可圈可点的地方，如震海听风录、一虎一席谈、凤凰全球连线、风云对话等栏目，策划方式和内容编排上有亮点、有创新、有深度。我想两岸四地不管什么政治立场的人，都能看下去、听进去，只有这样才能收到舆论潜移默化、甚至正本清源的效果，这就要求媒体从业人员要有很高的世界眼光和文化视野。

本研究试图通过对中国和美国广播电视媒体生态的研究进行全方位的对比及解剖，从而从战略上勾勒出我国未来广电媒体的全球架构，从宏观和微观上详细分析产业化运作、本土化思维的路径所在，举一反三，克难通易，在大量的研究数据和可行性论证下，最后提出建设性的战术举措——

一、依靠国家的力量置办一批海外电台、电视台。无论现在和未来，我们国家对外向型经济的依存度将越来越高，与世界各国的融合度也与日俱增。价值观的激荡、话语权的争夺、商业贸易的摩擦、文化软实力的崛起、国家利益的维护等，都需要我们的媒体及时而强有力的声音。我们应该依靠国家的实力，在美洲、欧洲、澳洲、东南亚等一些重要国家领土上，有计划、有步骤地建立自己的电台、电视台。然后统合国内电台、电视台资源，采取政府出资，市场化运作的方式，就地取材，八方招才，达到出资者可控、承办者收益、本土化办台的目的。

二、依托中资企业在海外成立股份制媒体公司。改革开放以来，我们的广播、电视及报刊媒体业无论对内和对外，从来没有放开政策，因此，国内大企业、大公司只能望媒兴叹。同时，我们也束缚住了让我们的海外中资企业在国外办媒体的思维，所以对国外媒体准入机制研究甚少。就拿美国举例来说，虽然他们也有一定的准入限制，但他们对媒体的管制是事后管理，即对有问题者的管理，只要言论和新闻报道不违犯他们的法律，任何人都可以按照媒体登记法申办电台、电视台和报刊。因此，我们可以充分利用中资企业在海外的市场优势、信誉优势、人脉优势、管理优势和控制力，利用产权纽带形式、采取产业化运作方式与国内电台、电视台以及报纸杂志等媒体联合成立股份制媒体公司，以达到我们媒体本土化的目的。

三、与海外华侨或友好人士合办媒体。中国的改革开放和经济建设取得的巨大成就，广大海外华人、华侨、华裔和一切对中国采取善意的友好人士功不可没，而目前我国在国际、国内任何重大事件都离不开他们的支持和关怀，这里蕴藏着深厚的、巨大的爱国力量。在我国举办奥运会前后，以及西藏 3.14 事件和新疆 7.5 事件发生后，正是他们勇敢地站在所在国的街头，向一切诋毁、污蔑、造谣中伤中国的言论发起街头新闻宣传攻势。因此，亟待运用我们多年国际商贸的成功经验和模式，团结和资助一些知名爱国人士和爱国侨领，采取市场运作机制，成立能在关键时期为我们说话的媒体公司，这将对我们抢占国际话语权制高点收到想象不到的效果。

新时期，我们党的主要领导人也曾多次指出：特别值得注意的是，当前，世界范围内各种思想文化交流、交融、交锋更加频繁，“西强我弱”的国际舆论格局还没有根本改变，新闻舆论领域的斗争更趋激烈、更趋复杂。在这样的情况下，新闻宣传工作任务更为艰巨、责任更加重大。主管宣传的主要领导也曾具体指出：要着力做好那些在国际社会发挥重要作用、对国际舆论具有广泛影响的国家和地区的落地工作，一个国家一个国家、一个地区一个地区来研究和谋划，使我国的声音能够达到世界主要国家和地区。要进一步加大投入和推介的力度，加强与外国主流媒体的联系，努力扩大我国对外新闻报道在全球范围的覆盖面，使我们的新闻报道更多地占领国际舆论阵地，并在引导国际舆论中发挥积极作用。要充分考虑海外受众的价值观念、宗教信仰、生活方式和心理特点，找准切入点，更好地贴近中国和世界发展的实际，贴近国外受众对中国信息的需求，贴近国外受众的思维习惯，不断增强针对性、实效性。

总之，用发展的眼光来看，媒体产业化、制作本土化是世界经济一体化的必然要求，是人类信息社会发展的必然趋势，要认真地研究它、面对它、尽快启动它，相信早一天在西方一些主要国家建立起属于我们自己媒体的本土化传播体系，我们的传播力和对外宣传水平将会早一天得到空前的加强和提升。无论从现实需要和中华民族未来发展和生存战略的需要，该是把电台、电视台和报纸杂志办到西方主要国家中的时候了！

作者

2012 年 7 月 26 日

目 录

摘 要

广播电视产业属于媒体产业，是我国文化产业的一个重要组成部分。我国文化博大精深，但要在世界范围内产生影响，必然要以我国广播电视产业作为载体进行传播。中国广播电视产业需要“走出去”，本土化是实现广播电视对外有效传播的关键因素。从产业层面出发，探讨中国广播电视产业海外本土化战略，具有重要的理论和实际意义。

本书以提高中国广播电视产业在国外市场影响力和竞争力为目标，界定广播电视产业本土化战略概念，对本土化战略进行分类，探讨企业资源能力因素和制度因素在本土化战略选择中的影响作用，提出本土化战略选择的影响框架集。在此基础上，分析了中国广播电视产业国际化经营的现状和基础条件，探讨了中国企业进入美国市场竞争环境中的机会和挑战，开展中美企业资源能力的比较分析，并设计了中国广播电视产业进入美国市场的本土化战略方案。具体的研究内容如下：

（1）抓住广播电视产品和服务的特性，以国际商务理论和国际市场营销学为理论基础，给出广播电视产业本土化概念，围绕内容创作和发行两个价值链主要环节对本土化进行类型划分，并进行内在属性分析。

（2）以基于资源的战略观和基于制度的战略观为理论基础，提出了影响广播电视产业海外本土化战略选择的因素框架集，详细探讨了各因素的具体影响作用机制。在此基础上，研究提出八种不同程度的内容本土化和分销本土化的组合策略，并分别探讨不同组合策略所对应的匹配条件。紧接着以发展中国家广播电视产业为研究对象，进一步探讨战略联盟在企业本土化经营中使用的合理性，并从理论上设计了具体的运作方式。

（3）选取典型企业，分析中国广播电视产业国际化经营现状，归纳所存在的问题。并认为广播电视产业国际化竞争力是国际化经营的基础和条件，站在基于产业的战略观视角，以波特钻石体系为理论模型，对中国广播电视产业国际竞争力展开分析，识别出中国广播电视产业层面的优势和劣势。

（4）对美国市场的竞争环境从市场潜力、行业结构作用力、消费者行为、文化环境和政府管制环境五方面展开分析，识别出中国广播电视产业在美国经营可能遇到的机会和挑战。

（5）以美国主流广播电视网和中国主要电视台为研究对象，围绕频道进入资源、内容产品资源、股权为基础的资源、财务资源实力、多功能经验、观众资源知识、新技术经验和国际化经验八个方面，开展了中美广播电视企业资源能力的比较分析。研究指出，中国主要广播电视企业与美国主流广播电视网相比在资源能力上存在着绝对劣势。

（6）根据第三章的本土化战略选择因素框架集，围绕美国制度环境特点、中国企业与美国企业资源能力距离的实际情况，探讨了中国企业在美国本土化战略构想。研究给出“三阶段”本土化部署。围绕“三阶段”本土化部署，对中国广播电视产业实施本土化战略所需采取的战略联盟进行设计。研究认为，已进入中国市场且与中国企业有合作经历的美国主流广播电视网将是比较合适的战略合作伙伴。最后，从知识要素投入、组织结构本土化支持和政府支持三方面对本土化战略的辅助环节支持体系进行设计。

关键词：广播电视产业，本土化，战略，美国市场

第1章 导论

1.1 选题的背景、目的和意义

1.1.1 选题的背景

党的“十七大”报告明确指出文化“越来越成为综合国力竞争的重要因素”，要弘扬中华民族文化，必须“加强对外文化交流，吸收各国优秀文明成果，增强中华文化国际影响力”。广播电视产业属于媒体产业，是我国文化产业的一个重要部分。为此，自党的“十七大”后，中央领导人多次提出“要打造国际一流媒体”，这是当前我国统筹国内和国际两个大局的战略方针对媒体提出的新要求，是适应“中国国际地位提高”的需要，这充分表明中国国际传播视野已经逐步成为中国国际战略的重要组成部分。

从国际社会文化环境来看，全球化并不完全是单纯的经济扩张，还与文化传播紧密相连。经济全球化必然会导致文化的全球化，文化全球化是民族文化与世界文化、民族文化的特殊性与全球文化的多样性、个性与共性的有机统一，这是文化全球化发展应有的历史态势和图景。我国文化博大精深，但要在世界范围内产生影响力，必然要以我国广播电视产业作为载体进行传播。中国广播电视产业需要“走出去”。

1.1.2 选题的目的和意义

在当今世界 75% 的媒体资源掌握在西方国家，而发展中国家仅占

25% 的态势下，西强我弱的局面非一朝一夕可彻底改观。因此，“走出去”之后，如何能真正走进世界各国人民的心中，有效地传播中国声音和中国文化，是中国传媒业界和学界急需研究、解决的重要课题。本土化是实现广播电视对外有效传播的关键因素。本研究选择从产业层面出发，探讨中国广播电视产业海外本土化战略，具有重要的理论意义。

美国是世界上媒体产业最发达的国家，其文化霸权主义无处不在；同时美国广播电视产业又是典型的商业化市场运作的产业，这与中国广播电视产业有着显著不同。因此，本研究选择美国广播电视市场开展实例设计，从产业层面探讨中国广播电视在美国市场本土化战略具有重要现实意义。

1.2 国内外研究现状

1.2.1 国外研究现状

国外学者在该领域的研究不多，具体可以归纳为以下几类：

（1）对广播电视产业的经济学属性分析

Gornostaeva（2007）对伦敦广播电视行业的制造链和制造网络间的关系进行了分析。研究指出，广播电视产业对产品、融资、技术和市场的缄默知识交换非常敏感。不论这种交换是产品链还是产品网络之间的协商，它均为广电企业活动的必不可少的部分，它深深根植于娱乐政策、雇佣策略或预算。广播电视企业的国际化活动改变了这种面对面的沟通，从而增加了“网络邻近性（network proximity）”的重要性。

M. Motta & M. Polo（1997）对广播电视产业的集权发展和公共政策进行了分析。研究指出，伴随着新技术的发展，产业政策必须改变。研究将产业的发展分成一系列必不可少的阶段，从节目的构思到广播（包括发行、存储和许可）。政策含义在于，未来的政策将越来越有利于竞争。

Steven（1999）对广播产业的自由进入和社会无效率展开了经济学

分析，填补了自由进入效率的实证研究空白。研究指出，理论上，自由进入将导致社会无效率。广播产品的成本结构是一个极端例子，固定成本高但边际成本低，因此自由进入可能会无效率，并认为许多信息生产和分配活动都有相似特性，包括广播电视业在内。

（2）从媒体企业层面展开的国际化策略分析

Daya Kishan Thussu（2007）对默多克的星空卫视在印度的国际经营策略进行了案例分析，研究了默多克在印度的目标客户群的演变，指出默多克通过节目内容组合、目标市场从精英向平民转变等各种本土化策略来适应印度市场的文化和语言口味。研究认为，要进入诸如印度这样的管制深的市场，本土化战略是至关重要的。

Stefan Ollig（2005）以消费者理论为基础，分析了中国电视节目对海外目标受众群体的吸引作用。消费者作为复杂价值链的最后一部分，将电视节目卖给国外市场实则是一种特殊知识转移。因此消费者理论很重要。除了特殊的人力资本外，表现为文化差异的需求障碍也非常重要，这可以靠各种类型投资来克服。这篇文章同时以竞争理论为基础，认为电视产品出口到国外市场受三方面因素的影响，这三方面分别为：观众的消费决策、合适电视节目的提供、国际贸易的管制。

Jean K. Chalaby（2002）以泛欧洲频道为分析对象，强调跨国电视频道产生受技术、商业和管制因素影响。研究给出三种本土化类型：本土广告、配音和字幕及本土节目编排；并结合 MTV 展开案例分析。频道属于播放机构，可以按内容、所有权和市场策略进行分类，并给出了例子。市场策略可以划分为经营策略和更为大众化策略，其中精英策略定位于目标市场 5% 的上层商界人士。更多大众化策略不是争夺国家电视台的大众受众，而是聚集于缝隙市场，关注于某一年龄或兴趣主体，例如体育等，或者特定阶层人士，如关注收入排名前 1/4 的家庭。

Ulrike Rohn（2004）对媒体企业在外国电视市场的策略展开了深入分析。研究将媒体企业作为电视产业的经济机构，对其进行定义，强调电视是文化的传送者，并对电视行业的价值链进行探讨，分析了媒体企业从事电视业务的驱动力，包括成本因素（固定成本、规模经济、范围经济）、市场因素（听众和广告商需求、竞争形势），具体分析了六个媒体企业进入国外电视市场的案例。

综合看来，目前国外关于广播电视产业经济属性的研究对于本书有借鉴意义，但经营策略上主要是选取典型企业开展案例研究，缺乏关于本土化战略的系统理论框架分析，更缺乏以中国广播电视产业为研究对象、对其跨国经营本土化的针对性研究。

1.2.2 国内研究现状

（1）广播电视产业特点的研究

广播电视产业属于媒体产业。对广播电视产业相关产业特点分析主要有以下四篇：

习艳群（2009）对我国广播电视产业布局改革研究展开了分析。研究在遵从广播电视产业特殊的双重属性的前提下，运用产业经济学等相关理论，对当前我国广播电视产业布局的现状与不足进行了分析，并提出了相应的改革策略，为我国广播电视产业的进一步合理布局提供了一些改革建议。特别值得关注的是，它在广播电视产品价值链上提出以下观点：在广播电视产业链中，纵向产业链包括制作、销售、播出及衍生产品市场开发等环节；横向产业链是指和广播电视产业相关的企业或行业，如广播电视器材生产企业、影视基地等。在当前，我国广播电视产业纵向价值链开发的重点就是建立广播电视产品交易市场。

董春（2006）对中国广电产业发展及空间布局的合理性展开研究。研究指出中国广播电视产业发展具有双重政治和经济属性，并对产业空间布局的规律性与差异性、产业劳动生产率的空间集聚性、产业效率的空间差异、产业综合竞争力以及广电产业与区域经济相关性等进行了多尺度、深层次的分析和研究，并最终提出了应对传媒全球化竞争的对策和中国广电产业的未来发展战略。

李仕权（2005）强调各地广播电视集团的成立，导致形成了以省级广播电视集团为单位的“地方诸侯”割据的布局，这些省级的广播电视集团各自在自己的辖区内垄断经营，形成块状的分割。

刘成付（2007）认为，中国广播电视格局呈现出以下几个特点：按行政区划和行政级别设立，与高度集中式的管理体制相结合，导致各地广播电台和电视台相互之间缺少有机的联系和整合机制，呈现出“散”、“乱”、“小”、“杂”的点状布局。同时他还提出，中国广播电视布局呈现出典型的金字塔结构：最上层是中央级别的广播电视机构，数量最少；中间是省、市级广播电视机构，数量较多；最下层是地（市）级、县级播出机构，数量最多。同样他也认为，集团化改革形成了主要以省级广播电视集团为基本单位的“诸侯林立”的新格局。

（2）媒体产业国际化战略

国内学者在媒体产业国际化战略领域开展的研究少，具体到广播电视产业的更少，综合看来，主要有：

唐颖（2010）对我国媒体产业国际化经营展开了一定研究，研究确定了三类媒体经营资源，分析了媒体全球化格局，对中国媒体走向国际化的优势和劣势展开分析，并最终从所选地域的发展性、所选地域的竞争能力和中国媒体如何提高全球竞争能力方面提出了建议。该篇文章最具有借鉴价值之处在于：地域的发展性包括资源供给机制、人力资源素质和综合生产成本；所选地域的竞争能力受到了地域的销售市场、经营资源的聚集和生产基地的影响。

王红蕾（2009）对中央电视台的国际化战略进行了分析，指出媒体是智慧密集型行业，分析了中央电视台当前国际化战略现状，在未来建议上提出国际传播要从语言多样性向语种效能型发展；中央电视台需从综合频道向专业频道发展；落地模式要更加多样化。研究局限表现为：仅从一家国有电视台角度分析，未能站在行业层面分析。论文对本书的借鉴意义：美国也是一个多亚文化的社会，文化的融合实际上非常关键，不同的亚文化有不同的语言。

张毓强（2010）探讨了中国国际传播事业2009年的三个重要转变，指出国际传播的战略目标已发生调整，从“走出去，向世界说明中国”到“走进去，发出中国的声音”，并具体对节目制播“本土化”进行定义和举例。新闻节目本土化为，通过与落地对象国有实力的媒体公司合作，由国际台提供或由双方联合采访介绍中国情况的节目素材，再经合作方根据当地受众的需求和习惯进行内容和形式上的本土化包装，在当地的主流中波/调频电台或网站播出。

蒋为民（2003）把电视媒体划分为两类：一类为典型电视媒体，有公益化行政色彩，效益来自于资源的垄断；一类为非典型电视媒体，有商业化和资讯服务功能，效益来自于市场机会和优质性价比。

王金涛（2010）研究了如何打造与国际一流媒体相适应的影视节目外销平台，对中国影视节目走出去的成效进行了分析，并指出今后需在几个方面进行努力：一、提高精品影视节目数量；二、提高精品影视节目技术质量；三、加强国际市场研究；四、加强国际合作。并指出中央电视台必须构建与之相适应的三大平台：制作平台、播出平台和营销平台。

值得注意的是，迄今为止，专注于本土化的研究仅有两篇，一篇为谢毅（2009），研究主要以电视频道为对象，探讨国外电视频道本土化对中国的借鉴意义。将国外电视频道本土化策略分为三部分：节目研发本土化、人才（管理人才和制作人才）本土化、合作伙伴本土化，并以此示例说明。该研究受教育部人文社科规划项目“境外电视的传播与影响研究”〈项目号：08JA860007〉资助。另一篇是本人《启动媒体本土化战略是实现国际话语权的有效捷径》，文章指出当前本土化实施中的问题：文化习惯、节目内容和人员结构都尚未本土化。在媒体本土化上提出了可行性建议：依靠国际力量置办海外电视台、依托中资企业在海外设立媒体制作公司、与华人华侨合作。

综合看来，在中国，传媒经济研究无论是在理论层面、实践层面还是学科建设层面，相对来说都起步较晚。由于中国传播学界经济学理论的准备不足，所运用的经济学、国际商务学和战略管理学研究范式、研究体系不完善。学术界缺乏从产业层面对中国广播电视产业在全球市场竞争的系统深入的研究，更缺乏深入到某一国家市场的本土化战略的深入研究。因而本研究甚有必要。

1.3 研究目标、研究内容及拟解决的关键问题

1.3.1 研究目标

目前，国内和国外学者关于本土化策略的分类观点不太一致。不同于国内研究学者（谢毅，2009，教育部人文社科项目资助）将本土化策略分为节目研发本土化、人才本土化、合作伙伴本土化三部分的分类方法，本研究将采纳国际商务学和国际市场营销学的理论，赞同 Jean K. Chalaby（2002）的分类标准，认为全球竞争的本土化战略应该按照产业链中的制作和播放活动两大环节的本土化程度来划分，而将人力资源本土化归为辅助环节本土化，将战略联盟作为产业本土化战略的具体实施途径。

研究目标 1：从理论上探讨广播电视产业的经济学特性，围绕其产业链各环节，划分不同类型的本土化，并比较不同类型本土化的内在属性。

研究目标 2：运用基于制度的战略观和基于资源的战略观，构建本土化战略选择的影响因素框架集，提出不同类型本土化所匹配的资源能力要求和制度环境条件。运用价值链分析法探讨发展中国家企业进入发达国家本土化的实施路径，完成本土化战略的理论分析框架。

研究目标 3：从基于产业的战略观出发，分析中国广播电视产业钻石体系的四大主要因素；从基于制度的战略观出发，分析美国广播电视产业的竞争环境；从基于资源的战略观出发，对中美广播电视企业资源能力开展比较分析。在此基础上，对应研究目标 2 的理论分析框架，完成中国广播电视产业在美国本土化经营战略的设计。

1.3.2 研究内容

本书研究的主要内容：

第 1 章 导论

在分析选题背景、选题意义、述评国内外广播电视产业本土化战略相关研究成果的基础上，提出本书的研究思路、方法和内容。

第 2 章 广播电视产业本土化战略的类型和特点

以国际商务理论、国际市场营销学理论和产业经济学理论为基础，探讨广播电视产品和服务的经济学特性，定义“广播电视产业本土化战略”，按照价值链特点，对广播电视产业海外本土化类型进行划分，归纳出不同类型本土化的内在属性特征。

第 3 章 广播电视产业海外本土化战略设计

结合基于资源和基于制度的战略观视角，分别探讨资源因素和制度因素对本土化战略选择类型的作用机制，提出不同类型选择的匹配条件，并进一步探讨发展中国家广播电视产业进入发达国家本土化战略经营的有效实施路径。

第 4 章 中国广播电视产业国际化经营的现状和基础条件

选取典型企业，分析广播电视产业国际化经营现状和归纳所存在的问题。并认为广播电视产业国际化竞争力是国际化经营的基础和条件，站在基于产业的战略观视角，以波特钻石体系为理论模型，对中国广播电视产业国际竞争力展开分析，识别出中国广播电视产业层面的优势和劣势。

第 5 章 美国广播电视产业竞争环境分析

综合制度战略观视角和产业战略观视角，从市场潜力、产业结构作用力、消费者行为、文化和政府管制五方面对美国市场竞争环境展开分析，识别出中国企业在美国经营的机会和挑战。

第 6 章 中美广播电视企业资源能力比较

以美国主流广播电视网和中国主要电视台为研究对象，围绕频道进入资源、内容产品资源、股权为基础的资源、财务资源实力、多功能经验、观众资源知识、新技术经验和国际化经营八个方面，开展了中美广播电视企业资源能力的比较分析。

第 7 章 中国广播电视产业在美国本土化战略构想

围绕第 3 章搭建的理论分析框架，探讨在美国市场的本土化战略类型，制订本土化战略部署，设计战略联盟结构，并在本土化战略的辅助环节支持方面提出建议。

第 8 章 总结和研究展望

1.3.3 拟解决的关键问题和研究方法

拟解决的关键问题：

（1）围绕广播电视产业链，对本土化类型的划分和内在属性的识别；

（2）将资源能力因素和制度因素结合，提出本土化战略选择的影响因素框架集；

（3）中美广播电视企业资源能力因素的比较分析；

（4）中国广播电视产业的钻石体系要素分析和美国竞争环境的分析；

（5）中国广播电视产业在美国经营本土化战略设计。

拟采取的研究方法：

（1）在战略设计上，拟将最新战略学中的基于产业的战略观、基于制度的战略观和基于资源的战略观三种观点进行整合，抓住广播电视产业的经济学特性，综合运用战略管理学、国际商务学、国际市场营销学、消费者行为学、产业经济学理论，提出广播电视产业海外本土化战略的影响因素框架。

（2）比较分析法

该方法主要运用于：不同类型本土化的内在属性比较分析；不同类

型本土化的匹配因素比较；中国和美国广播电视企业资源能力因素的比较分析。

（3）借用SWOT战略分析思路，运用国家竞争优势理论开展中国广播电视产业层面的国际竞争力的优势和劣势分析，对美国竞争环境展开分析，识别中国广播电视产业在美国经营的机会和挑战。

（4）在实证设计中，拟综合运用文献调研和问卷调查的实地调研方法，以确保数据的可信性和科学性。

（5）案例分析。

第 2 章

广播电视产业本土化战略的类型和特点

2.1 广播电视产业的经济学特性分析

2.2 广播电视产业本土化定义

2.3 本土化战略类型

2.4 小结

2.1 广播电视产业的经济学特性分析

2.1.1 广播电视产品和服务的特殊性

广播电视产品和服务具有无形性、创造性、公有性和私有性并存三大特点，各特性说明如下：

（1）无形性

由于广播电视产品和服务没有物理形态，因此它主要从内容和潜在注意力获取价值，无形性决定了广播电视产品近乎为零的边际成本，即多一个消费者所需的成本费用几乎为零。

（2）创造性

广播电视产品是基于信息、主意、文学和艺术的努力结果。由于它是一种创造性产品，意味着产品所有者可以从版权和相关权利获得显著收益，这种收益别的产品很难获得；同时，也意味着电视产品具有其他创造性产品的即时再生性特点，即低成本再生可以即时完成。创造性特点还意味着复制成本为零，它类似于所有服务产品的不可消失性，即不论被收看多少次，它都不会衰竭和磨损，它可以多次出售给新观众，复制成本几乎为零。

（3）公有性和私有性并存

广播电视产品作为公共产品，受到公共政策和管制的高度影响，因为社会、政治和文化目标都是通过媒体政策获得，媒体比其他企业更依赖公共控制空间，例如无线频谱和公共进入权利都由政府管制决定。公共产品的特点决定了非竞争性，即节目不会因为消费的产生而受到破坏。其价格无法直接反映供求关系决定的经济价值。消费者消遣的节目并没有因为其他消费者的存在而受到限制。公有产品的特点也决定了非排他性，即广播电视产品节目单元不是私人用品，而是一种公共产品，它的生产成本不依赖于消费者数量的多少。

私有产品的特点是指广播电视公司利用节目向观众营销的能力有大有小，这一点体现出广播电视产品与一般有形产品有一定相似性。广告收入是广播电视公司收入的主要来源，所以广播电视公司必须努力提高自己广告节目时间段的吸引力。企业作为广告产品的需求者，它对广告价值的评价建立在广播电视节目的收视率和目标观众群体吻合度上，所以广播电视公司必须通过选择合适竞争战略以在市场上赢得更高的收视率，因此私有产品特点意味着广播电视公司同样需要竞争。

2.1.2 广播电视产业的规模经济和范围经济

经济学是研究有限的或者稀缺的资源如何分配才能满足竞争和无限需求的一门学问。广播电视主要满足所有者、受众、广告商和内部员工四种利益实体的需求。对于广播电视公司而言，资源包括：运行发射设备使用的电力、专业广播电视设备、熟练的职工、新闻信息和观众想看的节目。

围绕这些资源，广播电视产业所发生的成本包括以下两大类（见表2–1）：

表 2–1 广播电视产业发生的成本分类

环节	成本
制作和编排环节	研发、计划、编辑、版权
发行（播送）环节	根据信号播送方式变化，包括广播、有线、卫星、IPTV

资料来源：James R. Walker, *The Broadcast Television Industry*, 2006

（1）广播电视行业的规模经济

在广播电视产业中，规模经济在实践中都可以实现。以广播电视网络为例，其业务可以分成生产和经营两大部分。

前文探讨广播电视产品特点时，指出广播电视产品具有无形性特点，这也决定了广播产品的成本结构是一个极端例子，固定成本高但边际成本低。生产环节上的规模经济体现为：第一，满足最小技术效率的要求。广播电视网的规模扩大，节目发行量的增大，广播电视网才更有条件采用效率更高、自动化网络系统、更先进的传送接收设备，广播电视节目制作公司也才有可能投入巨资采购高科技、自动化的音响或图像节日，从而可以摊薄固定成本。第二，广播电视产业达到一定规模，才有可能在内部实现更加细致的分工。电视节目制作产业具有高度流程化的特点，包括前期的选题、创意、策划、市场调研，中期的生产、制作，后期的包装、流通、代理、编排、营销、调查等，制作公司才有可能形成创意、制作、包装、销售等各项专业团队。第三，学习经验曲线方面，广播电视的每一个运作环节随着投入规模扩大，可以使各环节增加熟练程度，从而提高效率。这种规模经济应该是广播电视制作环节的规模经济。

经营规模经济是承担广播电视节目发行环节的规模经济。它主要体现在：第一，发行规模的扩大可以降低采购成本，提高讨价还价实力，从而摊薄购买总成本。第二，降低传送成本。同样的发行传送网络，如果发行规模大，所拥有的电视台数量多，则发行网络传送总成本会摊薄。第三，降低融资成本，发行规模扩大，所拥有电视台数目多，都会使广播电视网经济实力变得雄厚，能够提供更大的信用担保；规模大具有稳定发展基础，资信度比较高。

（2）广播电视行业的范围经济

广播电视行业的范围经济依靠的是广播电视产品与其他传媒产品知识和经验的共享。传媒业虽然有报纸、广播、电视等媒体，但基本运作模式一致，基本活动都是精神产品的生产和广告经营。所以，在生产、销售、管理等日常运作方面的知识、经验可以共享。第二，投入要素可以多重开发利用，这一点是由广播电视产品即时开发性的特性所决定的。传媒集团运作中，许多资源有多重利用价值。一条新闻素材在报纸上呈现为文字消息，电视上呈现为图像新闻，杂志挖掘深度分析和报道。第三，产品提供者与消费者的更为可见性的特点决定媒体品牌资源共享。在组建集团的过程中，强势媒体的品牌资源完全可被其他相对弱势的媒体利用，实现整个集团的无形资产增值。第四，可以提供各媒体广告资源组合而成的广告套餐。增加广告覆盖面，对广告主有较大吸引力，从另一个角度降低了广告资源的销售成本。国外传媒机构所拥有的范围经济更大。

2.1.3 广播电视产业的供方特点

广播电视产业的供应方特点体现为以下几方面：

（1）电视产品公共产品的特性，决定了电视产品受到公共政策和管制高度影响，同时广播电视的范围经济和规模经济也决定了自由进入的无效率，因此与其他行业比，市场上的电视频道数要远远低于其他行业从业者数目。广播电视企业所面对的直接竞争相对较少。

（2）广播电视产品的创造性智力成果特点，决定了许多决策以非经济标准为基础，主要依赖公共服务、艺术、文化因素、已建成的关系和创造性决策者的直觉甚至是胡思乱想。媒体行业的经济非理性程度可以算是最高的。而且，产品提供中可能会存在自由创作；许多人不索求报酬的创造作品，因为有艺术表现力驱动、公共服务动机或者是成为名流的动机。这与汽车制造业、快餐行业等有显著不同，因为不会有人在没有付款保证的情况下自愿在流水线工作。

（3）广播电视产品的创造性治理成果同样决定了制作产品方式不同。因为媒体产品的基础是创造性和艺术性元素，所以生产过程不像其他行业那样直接和按流程制订，通常雇员具有丰富的职业自主，因为他们有知识、艺术能力和雇主默认的职业标准，因此组织冲突无法避免，内容创造者和经理人之间的冲突程度是在别的行业不多见的。

（4）许多媒体产品容易遭到盗版，而一般消费品可能由于技术困难难以被盗版。对媒体产品可以轻易盗版使用会干扰合法的供应和影响其成本和收入。因为弥补失败媒体产品成本的重要性（Picard，2005），媒体公司都会大力推行反盗版活动以保障他们从成功产品中获得足够收入。

（5）广播电视产品无形性特点和与消费者的可见性，决定了其分销体制和成本非常不同。一般营销理论认为，分销渠道是指某种货物或劳务从生产者向消费者转移时，取得这种货物或劳务的所有权或帮助转移其所有权的所有企业或个人。广播电视产品的分销更强调其技术特征，实则包括节目发射、落地和传送三个环节。

（6）大部分媒体产品的经济价值来自于很小一部分的产品或服务。广播电视产品需求的成功性高度难预测，因为预测产品质量和消费者需求非常困难，广播电视产品的无形性和创造性特性，决定了大部分媒体产品都无法在完全投产之前生产试验性件数以在市场上预销售，去确定市场需求。因此，产品失败率很高，特别是对于单独创造产品。尽管失败率很高，成功也能在经济上得到很好补偿。例如，在好莱坞，前20名电影的收入占了整个行业收入的50%。

2.1.4 广播电视产业的需求方特点

（1）需求的衍生性。广播电视产品的即时再生性和可复制性决定了其多重使用性，再使用可能比初始使用更有价值。例如，动画片除了影院放映，还可以有线许可销售、碟片销售和租用，电视和互联网许可销售。对于一个畅销的题材，消费者不仅乐于去影院观看电影，可能还会自己购买收藏，甚至还会购买相关的主题纪念品。

（2）消费者具有较强的讨价还价实力。由于消费者可以选择的媒体内容供给过剩，消费者无法消费完全部产品，所以消费者有很强实力决定媒体产品的成功、失败和定价。消费者转换成本低，选择效用最大化。电视节目的消费者最诚实，只选择其感兴趣的节目，一旦不感兴趣将立刻换频道，转换成本为零。电视节目复杂产业链是这样的：生产商决定生产内容，播放站点决定播放内容，最后消费者决定选择什么节目，所以消费者是复杂价值链中最关键的。

（3）媒体产品被消费者消费的频率要高于其他产品，投入的消费时间远高于其他产品。这意味着，消费者和厂商之间的关系更加超越于其他行业。

（4）广播电视产品服务面对两个不同的消费者（双重客户），因而有两个不同的产品市场和不同的操作方式。第一个消费者是收看电视节目的观众（第一种产品）。供应商从收视大众那里不可能直接获得收入。第二个消费者是广告商。他们对购买电视节目的大规模受众感兴趣。这些受众是由电视网或者是私人电视台制作或购买节目产生。电视网和他们的附属电视台以商业广告的形式出售时间（第二种产品），播出广告获得的收入足以承担电视台或电视网的节目成本。

2.1.5 广播电视产业特殊经济属性的商业含义

迈克尔·波特的竞争战略研究指出企业价值最大化来自两方面：客户对企业产品给予高价值和企业努力降低成本。这两个战略在广播电视产业采用的启示意义为：

（1）客户对企业产品给予高价值。具体到广播电视产品，它有双重客户，对于一般观众客户，其可以免费观看电视产品或者仅交付较低的订阅费，因此广播电视产业很难从一般观众客户那儿收取高价。广播电视产业的从业者可以从广告客户那儿获取高的收入，但是广告客户给予广播电视节目广告时间段价值评分的高低取决于节目在观众中的受欢迎度。因此，广播电视企业要实现价值最大化，必须实现观众价值最大化。上文分析指出消费者观看节目的转换成本是零，媒体产品被消费者消费的效率要高于其他产品，均说明广播电视产业竞争策略肯定是围绕消费者价值实现最大化，所以广播电视产业竞争策略的核心是必须推出高收视率的电视节目。

（2）企业努力降低成本。前文中指出，广播电视产业需求的特点表现为：节目的成功性难以预测，广播电视产品的经济价值仅来源于一小部分产品和服务，这都决定广播电视产业必须努力降低成本。而前文中提到的范围经济和规模经济均构成广播电视产品成本降低的来源，因此这也决定了其经营战略的重点。所以对于广播电视产业要降低成本，必须努力打造多业务经营的媒体集团和实施多市场的同时经营，以更好地发挥范围经济和规模经济。

2.2 广播电视产业本土化定义

2.2.1 理论基础

本土化战略是企业在国际市场经营过程中可选的一种重要战略，它的理论基础主要来自于国际商务理论和国际市场营销理论。

2.2.1.1 国际商务理论中的“本土化”

国际商务理论是从国际企业在全球市场竞争中的战略选择角度探讨本土战略，认为企业在全球市场竞争中面对高低不同的成本降低压力和本地化响应差异压力，有四种可供选择的跨国经营的战略：全球战略、跨国战略、多国化战略和国内复制战略。其中，多国化战略又称本土化战略，它表现为跨国企业根据不同国家的特殊性满足不同地区当地消费者的个性需求。国际商务理论认为，本土化战略重点在于通过按需定制企业的产品和服务以迎合不同国家市场的品味和偏好来提高赢利能力。本土化战略适合于降低成本压力很小而区域市场差异非常大的外部环境，此时选择这种以牺牲全球化效率为代价的战略非常有效。

2.2.1.2 国际市场营销理论中的“本土化”

国际市场营销理论在探讨国际市场的产品策略时提出“国际产品的适应与调整”，将产品标准化与产品本土化两种战略分开论述，产品本土化系指企业向世界范围内不同国家和地区的市场提供不同的产品，以适应不同国家或地区市场的特殊需求；并指出这种战略对企业有如下三方面的能力要求：企业有很高的市场调研能力；企业的研究开发能力跟上；生产成本及营销费用高于标准化产品，管理难度加大。

值得注意的是，国际市场营销学仅在产品层面中提到了产品本土化，而在分销、促销、价格上没有进一步地详细提出本土化，但是国际市场营销学为本土化战略的构造提出了一个 4P（产品、价格、分销和促销）的框架。

2.2.2 “广播电视产业本土化战略”定义提出

国际商务学和国际营销理论均强调“本土化”面向不同国家提供差异的产品和服务，具体到广播电视产品，由于其为传递文化的产品，而各国消费者的文化背景差异大决定其对广播电视内容的品味和偏好差异很大，所以本土化策略是广播电视产业国际化经营中的一个重要战略。

国际商务理论中认为“本土化战略”是应对低成本压力策略和高本地化需求响应压力的战略，强调了外部环境的影响，这种观点是建立在企业可以通过提供消费者认知价值更高的产品从而能够像消费者索取更高价格来抵补较高成本的经济事实。但考虑到广播电视产业产品和服务的双重客户属性，广播电视产品和服务一般是免费进入到观众或者收取少量的订阅费，因此它无法直接向观众收取高价来抵补本土化打造所产生的高成本，所以广播电视产品和服务要索取高价格必须通过提高节目收视率从而向广告商索取更高的广告费用来获得。由于当前广播电视产业竞争的成本压力越来越大，鉴于此，广播电视产业的本土化战略也必须注重成本属性。

国际市场营销理论中提出了本土化战略元素应该渗透于营销组合4P元素（产品、价格、分销和促销）四方面，但是考虑到广播电视产品和服务的特殊性，在定价策略上广播电视公司不能面对观众自由控制价格，在促销上广播电视产品本身就是一种促销媒介，因此，定价将不是本土化策略的探讨重点。

关于广播电视产业本土化战略定义，学者基本没有给出，唯一有代表性的定义是Esselink（2005：67）研究给出的——"localisation involves taking a product and making it linguistically, technically and culturally appropriate to the target locale where it will be used and sold"。该定义强调了广播电视产业本土化特点在于产品从语言、技术和文化三方面对使用和销售该产品的目标市场服务。广播电视产品从语言的适应意味着内容上翻译或标题的使用、从文化的适应意味着节目内容的适应和节目编排格式的适应，从技术的适应意味着节目的技术格式和播放标准、播放平台符合目标国规定。

按照该定义，结合国际商务理论的环境压力适应思路和国际市场营销学的企业能力思路，广播电视产业本土化战略系指广播电视企业根据自己的核心能力（市场调研、研发能力、生产控制、管理能力）的大小，按照目标国环境的差异程度，从语言、技术和文化等各层次提供不同程度符合目标市场消费者需求的电视产品或服务。该定义吸纳了Esselink（2005）的观点，强调广播电视产业从语言、技术和文化对所进入目标市场的适应，因此不同于传统4P领域适应，它指出本土化应该体现为三个方面：语言本土化、技术本土化、文化本土化。

对照广播电视垂直产业链（图2-1）关系，其中语言本土化和文化本土化属于内容本土化，实则涉及的是节目制作和节目编排环节。技术本土化实则解决的是分销本土化，它包括发射、落地和传送三大发行环节。

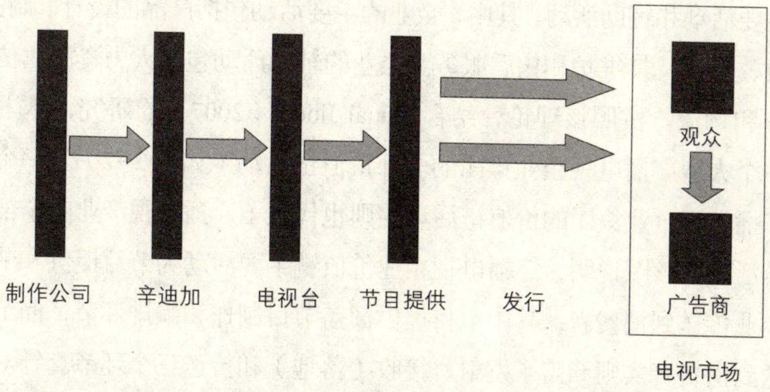

图 2-1 广播电视垂直产业链

资料来源：M. Motta & M. Polo, Concentration and Public Policies in the Broadcasting Industry: the Future of Television, *Economic Policy*, 1997

2.3 本土化战略类型

2.3.1 本土化战略类型划分

关于本土化战略类型划分，目前国际商业理论研究中还缺乏相关探讨。唯一的一篇为 Jean K. Chalaby（2003），它以泛欧电视台为研究对象，认为电视台在泛欧地区的本土化战略可以分成当地广告窗口、当地配音或字幕、本土化节目创作三种。其中本土化节目创作是节目策略中最高本土化形式，它表现为节目播放中插入专门为当地量身打造的节目，以迎合当地需求，本土化节目创作发展到最高程度，还表现为针对当地需求专门设置当地频道，并配有完全根植于当地的运营和制作设施。Jean K. Chalaby 按照本土化水平高低所提出的本土化战略三类型观点对本书的研究具有借鉴意义，但是由于它的研究对象为泛欧电视台，仅以电视台为研究对象涉及面较窄；同时，欧洲经济一体化使得泛欧地区内部的电视管制弱。这均说明对该种分类还需要进一步探讨。

迈克尔·波特（2005）认为，作为一个价值链的企业，它的活动包括主要活动和辅助活动。其中，企业的主要活动包括产品的设计、制造、投放、营销及其维护和售后服务。企业的辅助活动包括人力资源、信息系统和物流。按照该理论，结合 Kunal Jindal（2007）的研究，本书给出一个大型广播电视企业集团的全部价值链活动（如图 2-2）。一个大型广播电视企业集团的价值链活动实则也代表了广播电视产业的全部价值链活动。该图说明，广播电视企业价值链主要活动为节目提供和节目由企业传送到消费者，其中节目提供涵盖节目制作和编排环节，而节目传送到消费者实则涵盖了发射、接收（落地）和传送三个环节。针对广播电视产品技术形态流动的特殊性，分销渠道即节目传送到消费者实则涵盖了发射、接收（落地）和传送三个环节，因此节目播送本土化实则为分销渠道本土化。

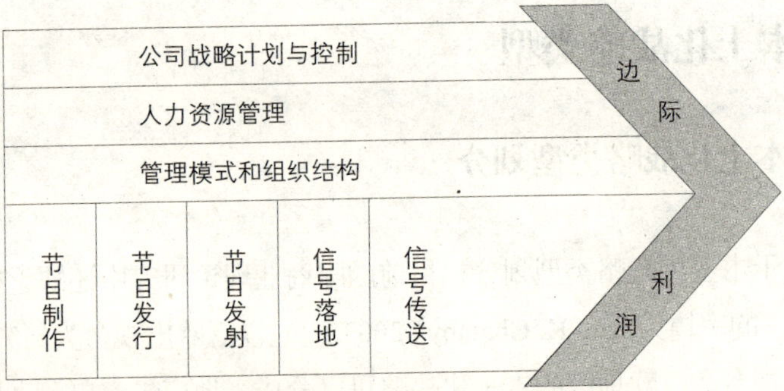

图 2-2 典型广播电视企业价值链

因此，围绕价值链主要活动，本土化包括节目提供的本土化和节目分销的本土化。对于广播电视企业价值链的辅助活动，除了传统的辅助活动外，要克服进入目标国市场障碍，还必须加大对本国制作节目的相关知识的要素投入，因此，辅助活动环节的本土化战略体现为人员结构本土化、管理模式本土化和扩大消费者认知，而扩大消费者认知类似于传统产品销售中的促销。

（1）节目提供本土化类型划分

考虑到广播电视节目具有双重客户性，广播电视企业除了提供节目外还提供广告播放时段，因而，节目的本土化应包括广播电视企业的节目制作、发行、广告播放针对对象的本土化。同时，其本土化程度各有高低，借鉴 Jean K. Chalaby（2003）的研究，内容本土化程度从低到高，依次为当地广告时间段引入、当地语言字幕标题或配音、本土化节目创作。

（2）节目分销渠道本土化战略类型划分

从节目流动环节参与主体分析，它涉及广播电视节目交易市场和广播电视网（台）。由于广播电视产品和服务的公共产品性质，各国都会对广播电视节目交易市场和广播电视网（台）制定技术和竞争政策等方面的相关管制，这也决定了广播电视节目要在外国市场实现价值最大化，必须在分销渠道上进行本土化强制性适应，适应目标国市场的行业管制和技术标准。按照节目信号覆盖、落地和传送环节的一体化或分离，本土化可以分成三种适应类型：企业独立在国外建立覆盖区并落地和传送节目（简称“国内企业播送一体化”）；企业独立承担在外国市场的覆盖，但落地和传送由国外广播电视网承担（简称“播送分离”）；企业广播电视节目的覆盖、落地和传送均由国外广播电视网承担（简称“外国企业播送一体化”）。

表 2–2 本土化战略类型划分

本土化程度	节目本土化	分销渠道本土化
低	当地广告时间段引入	覆盖、落地和传送由国外广播电视网承担
一般	当地化翻译、字幕标题或配音	企业独立承担在外国市场的覆盖，但落地和传送由国外广播电视网承担
高	本土化节目创作	企业独立在国外建立覆盖区并落地、传送节目

2.3.2 内容本土化战略的内在属性分析

本部分将围绕产品适应性改进程度、资源投入要求、成本降低可行性三方面内在属性展开分析。其中产品适应性改进程度决定了产品得到国外观众群体价值认可程度高低，资源投入要求决定了投资成本高低，成本降低可行性反映的广播电视产业的规模经济和范围经济的特点，该属性反映了运营生产的效率。

（1）本土化广告时间段引入

这是一种本土化程度较低的策略。它系指一国将其电视台或电视节目原封不动地移植到外国市场，不考虑外国市场技术、文化差异，唯一的本土化适应为吸引目标国市场厂家购买其广告时间段。因此，从产品适应性改进程度看，该类型适应性改进程度极低，电视节目不做任何语言或文化上的适应性改进；也正因为适应性改进程度低，所以企业无需进行额外的新资源投入，对企业各方面资源能力要求最低；同时由于国内制作的节目可以原封不动地投放到国外电视市场，所以成本降低可行性高，它有利于企业发挥学习效应、规模经济和区位经济。

综合看来，这种本土化战略的优点为企业成本竞争所处地位有利，但是最大的缺点在于，如果外国消费者对该种节目给予的价值认可度很低。企业所提供节目可能由于不符合当地消费者胃口而使其本土化广告时间段引入无吸引力，从而战略上很难获得成功，因此这种本土化不适应于文化差异很大的市场。

（2）本地语言字幕或配音

该种本土化战略系指一国将其电视台或电视节目几乎原封不动地移植到外国市场，同样不考虑外国市场技术差异，而在文化差异中也仅考虑语言差异，将节目配上当地语言字幕标题或进行配音。因此，从产品适应性改进程度看，该类型仍旧较低，电视节目本质内容不需要进行本地化改进，仅在语言上做些改进；资源投入要求低，对企业各方面资源能力要求低，仅要求广播电视企业在满足国内需求的同时，能够拥有专门的外语人才或有经济实力聘请到外语人才，同时成本降低可行性也较高，利于企业发挥学习效应、规模经济和区位经济，唯一增加的成本可能是配音或添加外语字幕的成本。

这种本土化战略的优点是企业成本竞争所处地位也比较有利，但是缺点在于，即使语言上实现了本土化适应，企业所提供节目可能由于不符合当地消费者的文化规范、价值体系、生活方式而丧失对当地消费者的吸引力，从而战略上很难获得成功，同时外国消费者对该种节目给予的价值认可度低。因此这种本土化策略仅适应于存在语言差异、但在文化规范、价值体系、生活方式等方面相似的市场，例如中、日、韩三国之间的电视节目可以采取该种类型的本土化策略；佛教国家之间的电视节目也可以采取该种类型本土化策略。

（3）本地化节目创作

这是一种最高程度本土化，它要求一国广播电视企业按照当地消费者的需求偏好制作专门为当地市场适用的节目。因此，它不仅节目内容和编排格式根据当地需求特殊性专门制作，甚至会专门设立当地频道，并配有完全根植于当地的运营和制作设施。本土化节目创作需要必要的特定市场营销投入，因为它将作为一个当地频道重新打品牌。

从产品适应性改进程度看，其适应性改进努力最高，因为它将节目完全进行了目标国市场的本土化全新制作，实现了完全的文化改进。正因为改进幅度大，所以，该类型战略对企业各方面资源能力要求高，要求广播电视企业在满足国内需求的同时，能够拥有一套专门的能够调研挖掘外国市场需求、研发制作符合外国市场需求的节目的人力资源、财力资源和物质资源，同时由于国外节目需要单独打造，因此在一定程度抑制了企业基于国内节目制作的规模经济和范围经济。

这种本土化战略致命的弱点为成本高，因为资源投入要求高，因此企业成本竞争所处地位不利。优点在于，当企业进入文化规范、价值体系、生活方式等方面差异明显的市场时，由于外国消费者需求偏好有极大差异性，当采用此种类型战略时，消费者会给予其节目价值一个高估价。因此这种策略适合具有高资源能力的企业在文化等各方面差异都很大的外国市场运营。

作为一种最高程度的本土化，该战略还需要辅助活动环节的本土化予以配合，体现为组织机构的本土化适应和扩大消费者认知。组织结构指企业组织总体，包括正式组织机构、控制系统、激励机制、组织文化、工作流程和人员。其本土化意味着企业要准确把握目标国消费者需求，必须配备具有当地经验和知识的人员，同时需要在当地设置合适的组织结构，从管理人员选材、培训、考核评价、绩效、领导方式、文化、工作流程等各方面适应当地的差异。

消费者是价值链中最重要环节，因此从消费者角度分析广播电视产业国际化经营的最大障碍具有非常重要的意义。Stefan Ollig 研究指出，具体到电视节目能否被国外消费者接受，一个核心问题为消费者到底想了解外国什么内容、何时想到要看外国电视节目。但是事实并不是这么简单。有时消费者对外国节目和类型没有一点了解，并不能意识到外国电视节目的丰富程度。所以当广播电视公司准备向外国消费者介绍外国节目时必须开发出适当的策略。因此影视产品进入国际市场最大的进入障碍为国外消费者对相关知识的缺乏，这需要源头国在本国电视节目进入目标国之前进行相关知识的事前投资，包括节目内容制作动机、节目制作背景、导演、人物和生产方式等的相关知识。

表 2–3 内容本土化战略类型的内在属性比较

战略类型	迎合的客户	产品适应性改进程度	资源投入	成本降低可行性
本土化广告引入	广告商，吸引目标国市场厂家购买其广告时间段	低	小（优点）	大（优点）
当地化翻译，字幕标题或配音	受众和广告商	较低	较小（优点）	较大（优点）
本土化节目创作	受众和广告客户	高	大（缺点）	小（缺点）

2.3.3 分销渠道本土化战略的内在属性分析

结合广播电视产业产品技术特点和分销渠道的本质特性，下面将探讨编排自主性、目标国观众经验积累的有效性、资源投入水平和进入时间长短四个方面的内在属性。其中编排自主性和目标国观众经验积累的有效性提高有助于增进企业在该国的知识，从而服务于企业在该国的长期利益，而资源投入水平高低决定了不同本土化战略类型的投资成本高低，而受目标国管制可能性的高低决定了竞争的有效性水平。

（1）独立在国外建立覆盖区并落地、传送节目（国内企业播送一体化）

这种类型战略是节目信号覆盖、落地和传送环节的垂直一体化，这是从分销层次看本土化程度最高的一种策略。这种策略的优点体现在编排自主性和目标国观众经验积累的有效性两个属性上，广播电视企业可以独立在外国市场传送节目，在节目内容提供、栏目设置、受众时间编排上均具有自主独立性，同时也有利于企业对目标国受众的观看节目习惯有更密切的了解和把握，为其进一步提高在目标国的节目质量提供有效信息，所以该类型的策略有利于企业在该国长期回报的最大化。

这种策略的缺陷体现为资源承诺和受管制可能性高低两方面，一方面发行资源投入大，风险高，另一方面，由于这种模式是企业信号完全独立地发射到国外市场、落地和传送到各家各户，是企业电视信号技术传递全过程的完全控制，因此受到目标国管制可能性的程度最高。所以面对同一目标国市场，这种战略进入时间最长，会影响企业先行优势的进入。

（2）独立承担在外国市场的节目覆盖，但落地和传送由国外广播电视网承担（播送分离）

这是一种分销层次本土化程度居中的策略，表现为自己独立在国外建立覆盖区但由当地频道落地传送。这种策略的优点主要体现为节目编排自主性，广播电视企业独立承担其节目在外国市场的覆盖任务，在节目内容提供、栏目设置、受众时间编排上均具有自主独立性。这种策略的缺陷体现在三方面：其一，传送分销资源投入要求较大，与之相伴是较高的风险；其二，尽管信号落地和当地传送均由国外广播电视网承担，但由于企业必须负责电视节目在国外的覆盖，所以必然受到国外政府的一定管制，所受的管制程度略松于上一种类型，因此进入时间也较长；同时由于频道落地是由外国广播电视网负责，所以，相对于前一种垂直一体化，企业对目标国受众观看节目的习惯了解和把握不够，因此为客户提供的价值增值能力差。

（3）企业广播电视节目的覆盖、传递和落地均由国外广播电视网（台）承担（外国企业播送一体化）

这种分销模式表现为本国广播电视企业制作的节目完全由国外广播电视网（台）负责覆盖和落地到目标国消费者受众。如果选择卫星电视进入方式，那么直接利用目标国卫星播送平台也属于这种模式。因此对本国广播电视企业而言，这是一种本土化投入要求最低的战略。这种战略的优点体现为资源承诺和所受管制程度低，资源承诺投入少，落地和

表 2–4 分销本土化战略类型的属性比较

战略类型	编排自主性	目标国观众经验积累的有效性	传送、落地、播放资源投入水平	进入所需时间	适应对象
企业独立在国外建立覆盖区并落地、传送节目	强	强	高	长	广播电视集团（含制作业务）或广播电视台
企业独立承担在外国市场的覆盖，但落地和传送由国外广播电视网承担	较强	较弱	较高	较长	广播电视集团（含制作业务）或广播电视台
覆盖、落地和传送均由国外广播电视网承担	弱	弱	无	较短	广播电视制作公司

技术风险较少，因此所需投入成本不大，极端情况下，企业可以不拥有覆盖、传递和落地资源能力。同时，由于借助的是国外广播电视网（台），所以该战略受目标国政府管制可能性非常小，因此进入速度快，但其缺陷也非常明显，这表现在：由外国企业承担其节目在外国市场的覆盖任务，因此本国企业在节目内容提供、栏目设置、受众时间编排上自主独立性差；同时由于频道播送是由外国广播电视网负责，所以，相对于前两种分销方式，企业对目标国受众观看节目的习惯了解和把握程度低，无法获得足够的回馈信息以提高在目标国节目收视质量，为客户提供的价值增值能力差。

2.4 小结

本章首先抓住广播电视产品和服务的特性，开展了广播电视产业的经济学特性分析，指出广播电视产业具有显著规模经济和范围经济，分析了经济学特性的竞争战略含义。然后借助国际商务理论和国际市场营销理论，给出广播电视产业本土化概念，围绕内容创作和发行两个环节对本土化类型进行划分，并针对内容本土化和分销渠道本土化开展了内在属性分析，认为不同类型的内容本土化突出体现为产品适应性改进程度、资源投入要求和成本降低三方面内在属性不同；不同类型的分销渠道本土化突出体现为编排自主性、目标国观众经验积累、资源投入水平和进入时间快慢四方面不同。

第3章

广播电视产业海外本土化战略设计

3.1 影响本土化战略选择的因素框架集

本土化属于国际商务研究范畴，但战略属于战略管理研究范畴，因此关于本土化战略选择的研究必须将两个领域的研究合二为一。彭维刚（2007）总结了关于企业战略的三种观点：第一种是基于产业的战略观，它由波特提出，强调产业内竞争水平在很大程度上决定了企业的战略。第二种是基于资源的战略观，它由 Barney（1991）提出，强调不同企业间特定资源能力的差异决定了其战略，因此基于资源的战略观将在本土化战略选择中起重要作用。第三种是基于制度的战略观，强调制度对企业的作用可以解释企业战略的差异性。按照 Scott（1995）所提出的"三个支柱"的制度分析框架，将制度划分为管制制度、规范制度和认知制度三个维度，其中管制制度包括管制强度和外资政策；规范制度包括文化距离、行业规范差异、目标国文化特征；认知制度包括内部传承和外部模仿。根据广播电视产业在国外运营活动环境的特点，广播电视产业制度环境可以用管制制度和规范制度来进行概括。鉴于本研究主体为在既定市场的本土化战略，所以基于资源的战略观和基于制度的战略观将是本土化战略选择的因素框架集重点探讨内容。

前文分析中提出，产品适应性改进程度、资源投入要求、成本降低可行性是企业内容本土化程度不同的内在属性反映，而编排自主性、目标国观众经验积累的有效性、资源投入水平和进入时间是不同类型的分销本土化策略内在属性反映。围绕这七个属性，研究认为基于企业资源的因素和基于制度的因素均分别作用于不同的属性，从而对广播电视企业本土化战略类型选择起着影响作用。

3.1.1 资源因素对本土化战略选择类型的作用机制

3.1.1.1 广播电视产业资源能力的分类与识别

企业资源系指“企业用来选择和执行战略的有形资产和无形资产”，能力系指企业动态配置资源的能力。资源观认为，各个企业特殊资源是决定和影响极小及可持续竞争优势的重要因素。资源观认为，资源的四个重要属性（价值、稀有、不可替代和不可模仿）能够一起提高绩效。资源的价值性反映出资源利用环境中的机会与中和环境中威胁的能力。稀有资源描述的是资源的不能轻易定位和实施，它会使企业领先于那些拥有普通资源的竞争方。不可替代资源强调其他企业没有可以实现相似功能的战略等价物。资源的不完全模仿性可以确保企业竞争优势的可持续性，但它必须与其他特性互为补充。

基于资源的战略观认为，战略制定的难点是如何有意义地区分出不同企业之间的差异，它提出可行的办法是进行分类，即把资源和能力分成有形和无形的两类。有形的资源和能力是能够观察到的并且容易量化的资产，一般分成财务、物质、技术和组织四个子类。无形的资源和能力主要包括人力、创新和声誉。

这种分类的缺陷在于，有时有形和无形资源之间的区别不是很清晰，例如佳能公司与索尼公司新产品的开发能力来源于组织研发工作中有形能力与员工个人无形的技能及开发动力的结合。

与之相对应，Miller & Shamsie（1996）为代表的诸多学者在探讨广播电视网络的竞争战略和战略联盟时，均采用以不可模仿性的差异为基础的分类方法，认为根据不可模仿性的基础不同，一些资源的不可模仿性是由于它被产权保护，例如契约、所有权或专利。另外一些资源的不可模仿是因为知识壁垒——竞争者不知道如何模仿其过程或技能。

（1）产权为基础的资源

表 3–1 组织能力理论的企业资源能力分类

有效的资源和能力	定义	例子
财务	企业财务口袋的深度	获取内部资金的能力
		获取外部资金的能力
物质	企业物理地理形态的可接近性	车间、办公室、设备的地理位置
		接近原材料产地与分销渠道
技术	能开发出前沿产品和服务的技能与资源，产品和服务受法律支撑	拥有专利、商标和版权
组织	正式的计划、指挥和控制系统	集成的管理信息系统
人力资源与能力	深嵌于企业内部，通过正式有形的系统和结构所不能获得的知识、信任和才能	知识、信任、管理才能、组织文化
创新	企业拥有的资产和技能，使用可以培养和产生新想法，研究和开发新产品与服务，进行组织创新并改变组织方式	研发能力、组织创新和变革能力支持创新的技能
声誉	企业能够发展和促进其声誉的能力，借此企业可以成为一家可靠的商品和服务提供商	企业作为雇主的好名声、对社会负责任的企业名声

资料来源：彭维刚，《企业全球战略》，人民邮电出版社，2007 年

产权为基础的资源是不可模仿的，因为它受到产权保护。企业可以根据保护期限寻求获得竞争优势，从而禁止竞争者对资源的模仿和盗用。产权控制“可挪用”资源。当企业对某种有价值资源具有排他性所有权时，其他竞争对手不能进行合法模仿，因此，产权为基础的资源通常应用于特定产品或过程。许多该类资源通过创造出竞争对手无法获取的资产并予以保护，使组织降低竞争压力。典型意义上，只有富有或有预见的企业才有可能在产权为基础的资源的全部价值没有被公共所知之前就对其实施控制。产权为基础的资源，是特有的、固定的资源，强调的是对特定资产的控制和独家独占性。因此，该类资源的不可模仿性最高。

产权为基础的资源包括垄断某种稀缺生产要素的具有法律效力的长期契约、对有价值技术的排他性权利、捆绑的分销渠道。

大部分竞争者可能早已意识到竞争对手的产权为基础的资源价值，甚至具备复制这些资源的知识和能力，但是它们缺乏成功模仿的法律权力或历史禀赋。事实上，为利用产权为基础的资源去产生额外经济租金，企业需要排他性法律条约和交易限制的保护。

契约性协议构成了两类产权为基础的资源的基础。分离的不连续的产权为基础资源采取的是所有权或者法律协议形式，给予了组织一种对稀缺和有价值要素输入、厂商、区位或专利的控制。例如，迪斯尼拥有853部正片电影、671部卡通短片和上万电视制作的国际权利。系统的产权为基础资源包括将物理设施和设备进行配置，而这些物理有形设备和设施的不可模仿性存在于网络配置的复杂度。Viacom电视台集团包括34个所有和运营的电视台，这就是一种系统的产权为基础的资源。在媒体环境，两类产权为基础的资源都提供了资源在多种平台之间的独占性使用和再使用，这可以表现为电视节目的辛迪加和媒体内容的制作、发行和展示的垂直整合。

根据这种分类思路，结合广播电视产业价值链和经济属性的特殊性，本研究认为广播电视网络以产权保护为基础的资源包括电视网所拥有的频道进入资源、内容产权资源、相关股权资源和企业财力资源能力。

（2）知识为基础的资源

知识为基础的资源的不可模仿性基础是信息不对称。这意味着，由于知识障碍，企业不能模仿其他企业的成功，即“不确定的模仿性”——它存在于成功企业的技术、创造和合作型技能。McEvily & Chakravarthy（2002）将不确定的可模仿性归因于知识的复杂、缄默和专有，正是由于知识的微妙和难以理解、所需的技能隐晦而难以识别，所以导致这类知识无法被竞争对手模仿。在其关于黏合剂行业的技术进步研究中，技术知识的复杂和缄默保护了企业主要产品改良被模仿。而且，产品设计专有性耽搁了竞争者模仿的努力。

知识为基础的资源为组织带来的成功不是借助于市场控制或排斥竞争，而是通过赋予企业足够的技能适应市场需求和应对竞争挑战。这种技能带来的经济租金部分来自于竞争对手并不知道的企业的成功之道。

根据这种分类思路，结合广播电视产业价值链和经济属性的特殊性，本研究认为广播电视网络以知识为基础的资源主要涉及的是无形资源和能力，它涉及人力资源、创新资源和声誉资源，具体包括管理者才能、新技术经验知识、所服务观众经验知识、国际化经验和多目的经验。

3.1.1.2 接下来将对广播电视企业的九种资源的影响作用进行分析

（1）频道进入资源的影响

广播电视产业链的节目覆盖和传送都必须借助于电视台和电视频道来实现，频道进入资源衡量的是广播电视公司控制电视台播放的资源能力高低，它反映出公司市场覆盖程度的宽度，相关资源包括关联协议电视台、股权拥有并直接经营的电视台、电视网市场覆盖范围。系统的产权为基础资源包括将物理设施和设备进行配置，而这些物理有形设备和设施其不可模仿性在于网络配置的复杂度。一般而言，广播电视网所拥有的协议电视台越多，直属拥有电视台数目越多，电视网市场覆盖范围越大，广播电视公司所具备的广播电视市场的准入频道资源越丰富。例如，Viacom 电视台集团包括 34 个所有和运营的电视台，这就是一种系统的以产权为基础的资源。

由于频道进入资源涉及的是节目播送能力，所以该资源能力主要影响内容分销本土化战略中编排自主性、目标国观众积累的有效性和资源投入水平三个方面。首先，如果企业在某外国市场附属协议电视台和直属电视台数目多，即有较强的经法律保护的产权资源，那么为更好地服务于进入外国市场的长远利益，企业会选择在外国市场独立承担覆盖、落地和传送的分销策略，以更好地发挥编排自主性和积累对目标国观众观看行为的经验积累，这有助于企业长期回报最大化。其次，不同类型的分销本土化策略其资源投入水平高低不一，当企业在目标国市场已拥有相当实力的附属电视台和直属电视台时，企业在该方面资源实力存量的强大，意味着企业在该国市场不必进行显著的额外发行渠道建设投资，可以降低在外国市场独立承担覆盖、落地和传送分销策略所固有的资源投入高要求壁垒。所以，当广播电视网所拥有的频道进入资源多时，可以更好地实现编排自主性和对目标国观看经验积累，同时降低了资源投入水平的高要求，因此，企业将倾向于选择外国市场独立承担覆盖、落地和传送分销策略。

频道进入资源对内容制作本土化战略类型选择有间接影响作用，但影响的客体是特定的，即影响的是同时承担广播电视制作和播送的广播电视公司。这种作用体现为成本降低可行性这一内在属性。前文比较内容本土化战略内在属性时指出，本土化节目创作的弊端在于高资源投入要求和牺牲了对同一节目的规模经济和范围经济发挥，即在一定程度会提高成本。而对于同时经营广播电视制作和播送的广播电视集团，较强的频道进入资源能够使集团充分利用播送环节的规模经济收益，来抵补本土化节目创作产生的固有高成本和高资源投入缺陷。所以，对于同时经营广播电视制作和播送的集团，频道进入资源能力高的企业比低频道进入资源能力企业更有实力承担大规模资源投入水平和运营成本增加的负担，所以选择本土化节目创作策略的可能性更大。

（2）内容资源

内容资源作为产权为基础的资源，强调其受到产权法保护，企业可以根据保护期限寻求获得竞争优势，从而禁止竞争者对资源的模仿和盗用。广播电视产品内容资源充分体现了广播电视产品智力成果特点，因此任何电视网都拥有自制节目的产权，这种节目可以分成一般节目和新闻节目。一般而言，广播电视网内容资源可以从内容产权资源数目和内容产权资源质量两方面体现，内容产权资源数目体现为电视网所属电视台播放的节目中由本公司或所属集团自己制作的数目。内容产权资源质量可以由两方面体现：一方面为电视网自己制造的节目中收视率排名前30位的节目数量，另一方面为新闻节目的排名。无论是内容产权资源数目还是内容产权资源质量，均是内容资源的正面反映。

内容资源是决定企业节目制作能力核心优势的重要方面，这种优势在版权法的保护下为竞争对手的获得设置了壁垒。它着重作用于内容本土化战略类型。产品适应改进要求不同决定了不同类型的内容本土化战略，而制作能力高低与广播电视公司产品适应改进能力呈正比关系。当广播电视公司播放的节目中自己制作的数目越多，公司所制作的节目收视率居前的越多，所播放的自制新闻节目收视率越高，这意味着其制作能力高、成功实施产品适应性改进可能性大，因此它可能会选择内容本土化程度最高的战略——本土化节目创作。所以内容资源丰富程度与高程度内容本土化战略选择的可能性成正比关系。

但是，具体到国际市场进入，内容资源与本土化战略类型选择的关系必须进一步深入探讨。因为，上述内容资源的影响是通过制作能力作用于产品适应改进能力。而事实上，企业内容资源对本土化战略选择的影响是复杂的，因为内容资源还会作用于资源承诺，企业特有的产权内容资源可能是根植于本国的，也可能具有全球性。如果企业所拥有的内容资源都是根植于本国市场的内容节目，当面对一个制度差异非常明显的外国市场时，即使企业制作能力很强大，由于企业既有的产权资源可以帮助企业实现较大的利润增值，所以企业可能资源投入动力不高，不愿意完全放弃本国内容资源去做一个完全本土化的节目打造。此时企业战略何去何从将在后文探讨。

（3）股权为基础的资源

不同于内容资源受知识产权法和专利法保护，股权为基础的资源优势受到公司法等契约法的保护，这种资源主要指广播电视公司所收购的有线电视公司、广播公司、内容公司。之所以将这种股权关系为基础的资源作为一种重要资源考虑，原因也在于广播电视产业具有很强的规模经济和范围经济。

广播电视公司所收购的有线电视公司、广播公司数目越多，其发行环节的规模经济越大，从而在一定程度上抵消内容本土化制作程度最高的本土化节目创作固有的成本降低可能性小的缺陷，因此可以提高企业选择高程度内容本土化制作类型战略的可能性。同时，广播电视公司收购的有线电视公司、广播电视企业数目越多，其具有更多的物理设施和设备，更有高资源承诺水平实力，所以选择高程度分销本土化可能性越大。

广播电视公司所收购的内容公司越多，拥有的节目制作资源越丰富，实施产品适应性改进能力也就越强，所以也会提高企业选择本土化节目创作战略的可能性。

（4）财务资源实力

广播电视公司所属母公司的财务资源实力越强，意味着企业财务口袋越深，募集外部资金和获取集团内部资金的能力越强，越有实力选择高资源投入水平的战略类型，所以较强财务资源实力的广播电视公司，选择本土化节目创作和国内企业播送一体化的分销本土化战略类型的可能性高。

（5）管理者才能

现有战略管理理论文献均强调了知识性管理层和雇员是企业拥有可持续竞争优势的重要资源。管理者才能为管理层的知识和技能，它在广播电视公司的全球竞争中发挥着重要的影响作用。这种知识和技能表现为管理者在全球市场范围内选择合适组织结构的能力、合理配置人力、财力和物理设备资源的能力，在全球范围内进行科学公司治理的决策能力。管理者才能越高，成功管理高资源投入的战略类型的能力越强，公司越有可能选择本土化程度高的战略，即选择本土化节目创作和独立传送的分销本土化战略类型的可能性越高。而且，管理者才能越强，其为企业设置合适组织机构形式、适应于目标国的激励机制和控制系统、吸引优质当地智力资源的可能性越大，所以实施组织结构本土化以确保战略成功实施的可能性越大。

（6）新技术资源

广播电视作为一种传统媒介手段，在互联网经济的时下，面临着网络新兴媒体的强烈替代性竞争。为此，自本世纪初，许多传统广播电视公司纷纷与互联网企业构建战略联盟，以求迅速积累基于互联网的新技术资源能力。知识为基础的系统资源可能表现为一体化或协同性技能，它需要跨学科团队工作。例如，可以帮助专家有效合作工作和学习的技能。这种技能的合作非常重要，特别是在基于新媒体和传统媒体合作融合的新形势下。

新技术资源对内容本土化战略类型选择的影响表现为，新技术资源能力强，意味着同样的节目可以在传统电视网络和互联网络同时播放，从而提高了企业的规模发展，更有利于企业实现内部更为细致的分工和提高各制作环节的熟练度，成本沿学习经验曲线下滑，可以说企业可以同时受益到制作环节和播送环节的规模经济，成本优势的获得使得在其他条件相同时，企业更有可能选择资源投入水平更大的战略类型，即新技术资源丰富的广播电视公司选择本土化节目创作战略类型的可能性高。

与之相对应，新技术资源对广播电视分销本土化的影响作用明显不同。

（7）多功能经验

广播电视行业的范围经济表现为广播电视产品与其他传媒产品知识和经验的共享。因此，倘若广播电视公司在电视、电影、文字印刷等多种传媒都有所经营，其所积累的多功能经验就越丰富，同样的知识可以更好地共享，品牌效应在共享中可以更好地放大，资源有多重利用价值，则同样的投入要素在多重开发利用中将分摊成本，从而提高投资回报。因此，多功能经验丰富的广播电视公司在产品适应性改进过程中，更愿意依靠范围经济承担资源的高投入，所以多功能经验丰富的广播电视公司选择本土化节目创作的可能性大。

（8）观众经验

广播电视行业的竞争焦点是收视率，即各广播电视公司都努力地争取更多观众的注意力乃至忠诚度。不同广播电视公司的目标市场定位不同，其所获得的观众经验就不一样。有的广播电视公司采取的服务于各种年龄、性别和收入群体的无差异策略，并为此积累了很丰富的观众经验，则国内基于观众的经验对其有所帮助，会在一定程度上提高其面对外国市场的产品适应性改进能力，所以其选择本土化内容制作战略可能性大。有的广播电视公司在本国市场按照年龄、收入进行细分，并选择其中的子市场实施集聚竞争战略，倘若外国目标市场群体与本国子市场完全不同，则国内积累的经验缺乏任何适用性，所以会降低其面对外国市场的产品适应性改进能力，选择较低本土化内容制作战略可能性增大。因此观众经验在本土化战略类型选择中所起作用有限，主要会影响的是目标观众定位。

（9）国际经验

国际经验在企业国际竞争战略中一直起着非常重要的作用。广播电视产业的本土化为广播电视公司在文化（含语言）和技术上对目标市场的适应性调整战略。而不同国家之间的制度、文化、技术和市场环境差异都会影响广播电视公司的本土化战略绩效。国际经验反映出广播电视企业对国外制度（节目的准入、频道资源的获取）、文化（包括语言、工作场所的价值观、消费者对电视节目的偏好）所掌握的知识的总和。国际经验的获得通常直接来自于企业在国际市场的实际运作经验积累（Reuber & Fischer，1997），或者间接来自于管理人员在国外生活、学习与工作的经历。因此，国际经验能够为管理层提供应对制度和文化距离的各种必要知识与技能（Delios & Henisz，2003）。国际经验丰富的广播电视企业，更擅长与国外政府讨价还价以缩短制度距离，也能更好地适应国外的语言差异，把握消费者的电视观看行为，并具有对差异性工作场所价值观的理解和应对能力，能更自如地将其他有效的观众经验和智力资源、知识在国际间转移。所以，国际经验丰富的广播电视企业，对高资源投入水平伴随的高风险有很强的承担能力，该类资源也提高了企业选择本土化节目创作和国内企业播送一体化的分销本土化战略类型的可能性。

与管理者才能相似，企业国际经验越丰富，在国际市场选择合适组织结构确保战略实施的经验和知识积累越多，越有能力设置合适组织机构形式、适应于目标国的激励机制和控制系统、吸引优质当地智力资源，所以实施组织结构本土化以确保战略成功实施的可能性越大。

表 3–2 各类资源能力因素影响作用小结

	影响的属性	内容本土化程度	影响的属性	分销本土化程度
频道进入资源	资源投入、成本降低可行性	正向（仅适用于同时经营制作和播送的集团）	编排自主性、对目标国市场经验知识增加、资源投入	正向
内容资源（作用复杂）	产品适应能力、成本降低可行性	正向		
内容产权的本国特有适应性	资源投入	反向		
股权为基础的资源	产品适应能力、成本降低可行性	正向	资源投入	反向
财务资源实力	资源投入	正向	资源投入	正向
管理者才能	资源投入	正向	资源投入	正向
新技术资源	资源投入	正向		不确定性
多功能经验	产品适应能力、资源投入	正向		
国际经验	资源投入	正向	资源投入	正向

资源能力因素分析结果显示，内容资源和观众资源这两个因素在企业国外市场经营本土化战略中具有不确定性作用。观众资源的影响作用与国内外目标市场群体的差异有关。而内容资源和新技术资源的影响作

用将在下节结合制度环境变量做进一步探讨。

3.1.2 制度因素对本土化战略选择类型的作用机制

盛行于本世纪初的基于制度的战略观已成为战略管理理论领域的重要基石之一。制度可以分成正式制度和非正式制度。理论上认为，正式制度包括法律、规章和规则，例如竞争及政府管制政策、知识产权制度、合同法及其实施。非正式制度表现为规范、文化和伦理道德。

（1）目标国正式制度的影响

前文分析指出，广播电视产品具有公共性产品特点，因此它受到目标国政治、技术环境的影响。从正式制度角度分析，目标国影响广播电视公司战略选择的制度主要包括：对国外广播电视企业市场准入的管制规定、对国内频谱资源分配的技术管理规定、对国内播放节目的技术格式和内容的管理规定。该类因素主要作用于进入时间，从而对广播电视产品在目标国市场的覆盖、传送、落地、播放战略选择有显著影响。三种分销渠道战略固有的进入时间有长短之分。国内企业播送一体化要求企业在国外独立建立覆盖、落地并传送节目，需要搭建、调试、运行各种复杂的信号传输设备和构建网络，因此物理搭建时间最长。由于企业分销渠道搭建的实践时间应由物理搭建时间和正式制度作用的审批时间共同组成。理性企业追求进入时间短和进入速度快。一般而言，当目标国邻近地域、技术水平要求不高、政府放松对外国实体进入的管制，企业独立在国外建立覆盖区并落地，传送节目所需的审批手续简单，耗时短，此时企业将有较充足的时间进行物理搭建，所以企业在目标国可选择本土化程度最高的播送方式——构建独立的播送渠道，完全渗透到当地市场；在行业管制和技术要求苛刻程度中等的目标国，企业的审批等待时间偏长，因此，企业可选择本土化程度居中的播送方式——独立承担在外国市场的覆盖，但落地和传送由国外广播电视网承担；在行业管制和技术要求苛刻程度高等的目标国市场，由于应对目标国正式制度的审批手续烦琐，时间复杂，所以企业缺乏足够的时间进行物理搭建，无法自行进行播送，而选择完全由国外广播电视网（台）覆盖、传送和落地将更为合适。

此外，如果目标国在电视节目内容的编排、形式、播放格式、图像格式等方面有特殊的要求，也会产生产品适应性要求，迫使外国企业选择本土化节目创作策略。

（2）目标国文化制度的影响

由于广播电视产品与消费者具有明显可见性，距离非常接近，它本身传递的是文化内容，所以目标国文化和源头国文化差异必然会产生非常显著影响。

文化差异因素首先会对产品适应能力要求起重要作用。广播电视产品传递文化内容，两国间文化差异会直接影响到目标国消费者对外国广播电视节目的接受度。在文化趋同的目标国市场，由于国内外消费者对广播电视节目的接受度和需求偏好相似，所以内容不需要特殊改编和打造，但为吸引当地的广告收入和观众注意，只需采取最基本的内容本土化策略——本土化广告制作即可；在语言有差异，但在文化规范、价值体系、生活方式等方面相似的目标国市场，尽管两国观众语言不同，但由于规范、价值观和生活方式的相似，对节目的题材、节目内容、传达的理念有相似的价值观判断和理解能力，所以产品内容本质的更新要求低，当地语言配音或字幕标题策略具有可行性。在语言、规范、价值体系、生活方式等各方面差异大的国家，消费者对节目的需求具有很大的不一致，内容本土化适应要求高，所以高程度的内容本土化创作策略具有可行性。

此外，前文分析中指出，无论是独立在国外建立覆盖区并落地、传送节目，还是内容本土化创作策略，都需要组织结构本土化予以支持配合。而目标国和源头国的文化距离同样对组织结构本土化难易程度起重要作用。这种文化距离突出体现为两国之间的工作场所价值观差距。

国际企业必须正视的一个重要问题是不同社会与工作有关的文化价

值观会如何改变经营过程及其行为。例如，如果中国和美国的不同文化产生了不同的工作价值观，这两国都有经营业务的国际企业，就需要改变经营过程和行为，而且差异越大，经营过程和行为改变的任务就越艰巨。在文化如何影响工作场所价值观研究中最具代表的是霍夫斯泰德，他从权利距离、不确定性规避、个人主义与集体主义、男性主义、长期远景这五个尺度探讨了不同文化下的工作场所价值观。霍夫斯泰德认为，这五个尺度都会对管理层选择、培训、考核和晋升、报酬、领导者风格、激励机制、组织机构和决策方式采用起非常重要的影响作用。因此，如果目标国和企业所在源头国在五个尺度上差异明显，则意味着企业在目标国组织机构本土化努力要求高，这反过来对企业资源能力提出更高要求。

（3）制度因素和资源能力因素的交互作用

在资源能力因素分析中，内容资源和新技术资源两个因素在企业国外市场经营本土化战略中的影响作用具有不确定性，需要将资源能力因素和制度因素相结合。

内容资源反映出企业很强的内容创作实力，但同时可能会使企业产生依靠现有节目开拓市场的组织惰性，抑制广播电视企业在目标国市场的内容创作本土化动力。上文已经分析指出，内容开发本土化战略适合文化差异大的国家，因此，只有目标国不仅文化差异大而且是企业全球战略中的重要目标市场时，企业才有动力利用强大的内容创作实力在目标国进行本土化节目创作，否则企业可能会忽视文化差异大但不具备战略吸引力的市场，而致力于在其他文化差异有所相似的市场采用低程度内容本土化，以更好地发挥其既有内容资源的规模经济和范围经济。

新技术资源丰富的广播电视企业，由于广播电视公司已经拥有基于互联网技术的播送资源，它对传统的广播电视网形成了一种替代关系，企业通过互联网同样可以自主编排产品和了解当地观众口味，因此如果企业仅具有高技术资源能力，而其他财务和知识类资源、产权类资源薄弱，当企业面对目标国正式制度——政府管制非常严格时，企业则会选择资源投入水平最小的类型——外国企业全权负责播放的分销本土化。

正式制度和非正式制度影响作用小结见表 3–3 和表 3–4。

表 3–3 正式制度因素的影响作用小结

技术要求和行业管制苛刻度管制程度	属性	分销渠道的本土化程度
松	进入时间（受目标国政府严格管制的可能性）	建立完全独立的播送渠道
中等		中等本土化——播放和传送分离
苛刻		借助国外广播电视网（台）覆盖、传送和落地

表 3–4 非正式制度因素的影响作用小结

语言、规范、价值观和生活方式的差距	属性	内容的本土化程度
无	产品适应能力	本地化广告
仅语言差距		当地语言配音或字幕标题
大		内容本土化创作策略

3.2 广播电视产业国外经营本土化战略类型选择的条件匹配

3.2.1 本土化广告与国内企业播送一体化结合

这是一种低程度的内容提供本土化和高程度的分销渠道本土化结合

战略，表现为：广播电视企业建立自己独立的发射、接收和传送平台，依靠该平台把本国节目在目标国市场播送，即广播电视企业具有独立的广播电视台，而广播电视台的主要分支包括：管理、广告销售、节目、技术部门，另外两个有价值的环节是促销和编播。承担节目制作环节不是广播电视企业必须具有的价值增加环节。

该种组合策略对辅助活动的要求为：广播电视台需要依靠自己的资源投入实现本节目的广告节目时间向目标国企业销售目标。由于是高程度的分销本土化，所以需要辅助环节的组织机构本土化予以支持和保证战略的实施。它主要体现为人员结构本土化策略，即广告销售、技术部门和管理人员结构需要有贴近目标国市场的资源结构。管理结构上广播电视企业国内经营和国际经营组织结构变化不大，主要变化体现为具体分部可能分为国内和国际两部。

根据 3.1 节的分析，该配合战略所需要的资源匹配条件和所适用的目标国环境如下表所示。

表 3–5 本土化广告与国内企业播送一体化结合的匹配条件

一、资源能力类别	所需匹配的能力
频道进入资源	强
企业财务实力	较强
管理者才能	较强
国际经验	较丰富
二、所适应的环境——基于制度因素	环境特点
技术要求和行业管制苛刻度	低
语言、规范、价值观和生活方式的差距	无
三、辅助环节的支持要求	
贴近目标市场的广告销售、技术部门和管理人员结构	

3.2.2 当地语言配音或字幕与国内企业播送一体化配合

这是一种中等程度的内容提供本土化和高程度的分销渠道本土化结合战略，战略形态表现为：广播电视企业建立自己独立的发射、接收、传送平台，在目标国市场播放配备当地语言或字幕的节目。该类型配合战略下，广播电视台需要依靠自己的资源投入实现节目语言的本土化。因此该种组合策略对辅助活动的要求与上一种策略相似，同样需要辅助环节的组织机构本土化予以支持和保证战略的实施，同样管理结构上广播电视企业国内经营和国际经营组织结构变化不大，主要变化体现为节目编排部门内部可能分为国内和国际分部。但人员结构本土化要求与上一种战略有所不同，主要体现为节目部门和编排部门需要雇用熟练掌握当地语言的人或者引入外籍人士。

表 3–6 当地语言配音或字幕与国内企业播送一体化配合的匹配条件

一、资源能力类别	所需匹配的能力
频道进入资源	丰富
企业财务实力	较强
管理者才能	较强
国际经验	丰富
二、所适应的环境——基于制度因素	环境特点
技术要求和行业管制苛刻度	低
规范、价值观和生活方式的差距	无
语言差距	存在
三、辅助环节的支持要求	
贴近目标市场的广告销售、技术部门和管理人员结构；可供节目部门和编排部门使用的熟练掌握当地语言的资源	

对比表3-5和表3-6，两种配合战略在企业资源能力要求上基本相似，唯一的区别在于当地语言配音和字幕对企业所拥有的可熟练掌握当地语言的资源人才池要求高；两种配合战略所适用的目标国环境在正式制度因素和规范、价值观和生活方式方面都比较相似，唯一的区别体现为对语言差距大的目标国，必须采取当地语言配音或字幕标题策略与独立在国外建立覆盖区并落地、传送节目的结合战略。

3.2.3 本土化节目创作与国内企业播送一体化结合

这是一种高程度的内容提供本土化与分销渠道本土化相结合的战略，它意味着广播电视企业建立自己独立的发射、接收、传送平台，在目标国市场播放完全为目标国市场消费者需求打造的节目。该种配合策略下，广播电视企业具有独立的目标国广播电视台实体，同时节目制作环节是广播电视企业必须经营的价值链环节，由此可见，这种策略配合的实现主体应该是同时承担节目制作和节目覆盖、传送能力的垂直价值链的广播电视企业。

由于在这种配合策略下，广播电视台需要依靠自己的资源投入实现内容的本土化，因此从广播电视企业价值链的辅助活动看，人员结构本土化体现为企业所有价值链活动部门的人员都可能需要具有国际化意识和能力，或者引入外籍人士。所有价值链活动体现为前期的选题、创意、策划、市场调研，中期的生产、制作，后期的包装、流通、代理、编排、营销、调查。与之相伴随的是，管理结构上广播电视企业国内经营和国际经营组织结构设计大大提高了难度，主要设计难点体现为国内和国外结构之间如何实现多国中心为导向。同时也必须推动节目在国外消费者的认知，必须在知识和声誉上投资。

表 3–7 本土化节目创作与国内企业播送一体化结合的匹配条件

一、资源能力类别	所需匹配的能力
频道进入资源	最丰富
企业财务资源实力	最强
内容资源	最丰富
智力资源才能	最强
新技术资源	丰富
多功能经验	丰富
国际经验	丰富
二、所适应的环境——基于制度因素	环境特点
技术要求和行业管制苛刻度	低
规范、价值观和生活方式的差距	明显
语言差距	存在
三、辅助环节的支持要求	
贴近目标市场的广告销售、技术部门和管理人员结构	
可供节目部门和编排部门使用的熟练掌握当地语言的资源	
节目制作人员熟悉当地市场	
具有国际视野的各价值链环节员工	
推动节目在国外消费者心目中认知	

表 3–7 说明，在前两种配合策略所要求的资源能力基础上，该类型战略还要求企业在内容资源、股权为基础的资源、新技术资源和多功能经验方面具有很强的能力，所以该种战略的实施主体通常需要高资源能力。由于该种配合战略投资巨大，所以只有在技术要求和行业管制苛刻程度高、文化各方面差距明显的目标国，企业才会挑选这种战略。

3.2.4 本土化广告与企业播送分离的结合

该配合战略是低程度内容本土化和中等程度分销渠道本土化结合的策略，它要求本国广播经营企业具有将电视信号在国外覆盖的技术能力和资格，因此本国经营实体必须承担广播电视信号对外覆盖的环节，但由于本国经营实体不能在国外实现频道落地，所以给其对国外市场进行节目广告销售增添了很大难度，因此这种结合策略实施难度大。该种组合战略对辅助活动的支持要求同本土化广告与垂直一体化分销渠道策略相似。

此外，由于该配合战略需要国内覆盖机构和国外传送机构的配合，所以除非采用国内广播电视企业与国外频道落地实体进行战略合作，否则这种结合策略可行性低。同时，它也说明，在这种结合下，如何选择合适的战略合作伙伴是设计难点。

表 3–8 本土化广告与企业播送分离结合的匹配条件

一、资源能力类别	所需匹配的能力
频道进入资源	一般
企业财务实力	中等
管理者才能	中等
国际经验	信号覆盖经验较丰富
二、所适应的环境——基于制度因素	环境特点
技术要求和行业管制苛刻度	中等
语言、规范、价值观和生活方式的差距	无
三、辅助环节支持	
具有贴近目标市场的广告销售、技术部门和管理人员结构	
四、实施难点	
战略联盟设计	

与独立垂直一体化分销渠道和本土化广告的配合不一样，该配合战略对企业管理者才能、智力资源才能和国际经验有中等程度要求，频道

进入资源不做特别要求，因此它适合在发行资源能力一般的企业进入技术要求、行业管制中等水平、基本不存在文化差距的目标国。

3.2.5 当地语言配音或字幕与企业播送分离的结合

这是一种中等程度内容本土化和中等程度分销渠道本土化相结合的战略类型。它意味着广播电视企业建立自己独立的发射传送平台，但落地需借助目标国电视网，在目标国播放配备当地语言或字幕的节目。除了与前文所述的人员结构本土化较低和管理难度不大的相似性要求外，其额外的特点同样在于企业对目标国受众收看自己节目的消费后感受了解程度有限，因此，广播电视企业要提高自己对目标国市场的受众消费行为把握，必须依靠其落地和传送频道，所以选择合适的战略合作伙伴是设计难点。

表 3–9 当地语言配音或字幕与企业播送分离结合的匹配条件

一、资源能力类别	所需匹配的能力
频道进入资源	一般
企业财务实力	中等
管理者才能	中等
国际经验	信号覆盖经验较丰富
二、所适应的环境——基于制度因素	环境特点
技术要求和行业管制苛刻度	中等
规范、价值观和生活方式的差距	无
语言差距	存在
三、辅助环节支持	
贴近目标市场的广告销售、技术部门和管理人员结构、可供节目部门和编排部门使用的熟练掌握当地语言的资源	
四、实施难点	
战略联盟设计	

相对于上一种配合战略，该战略对企业资源能力的额外要求体现在公司应该具有可供节目部门和编排部门使用的熟练掌握当地语言的人才资源，该战略是中等资源能力企业在正式制度壁垒中等同时存在语言差距的目标国实施本土化的最佳选择。

3.2.6 本土化节目创作与企业播送分离的结合

这是最高程度内容本土化和中等程度分销渠道本土化相结合的战略。从辅助活动支撑要求分析，除了国际化视野人员结构配置、国外和国际经营组织结构协调和必须在节目相关知识和声誉投资等特点外，战略实施的难点也体现在选择合适的战略合作伙伴。

表 3–10 本土化节目创作与企业播送分离结合的匹配条件

一、资源能力类别	所需匹配的能力
股权为基础的资源	数目较多
企业财务实力	较强
内容资源	较丰富
管理者才能	较强
新技术资源	较丰富
多功能经验	丰富
国际经验	信号覆盖经验、国际化节目运作经验较丰富
二、所适应的环境——基于制度因素	环境特点
技术要求和行业管制苛刻度	中等
规范、价值观和生活方式的差距	明显
语言差距	存在
目标国市场战略地位	高

（续表）

三、辅助环节支持
贴近目标市场的广告销售、技术部门和管理人员结构
可供节目部门和编排部门使用的熟练掌握当地语言的资源
节目制作人员熟悉当地市场
具有国际视野的节目制作环节员工
推动节目在国外消费者心目中认知
四、实施难点
战略联盟设计

表 3-10 的匹配条件说明，该配合战略适合制作资源能力比较强的企业，进入到技术要求和行业管制苛刻程度中等、文化方面又存在明显差异，但又是其非常重要的战略市场目标国。

综上可以看出，播送方式垂直分离的本土化策略要与内容本土化策略一起配合实施时，选择合适的战略合作伙伴是最大的难点。

3.2.7 内容本土化与国外企业播送一体化的结合

这是一种本土化程度最低的分销渠道策略与内容本土化策略的结合。由于一旦本国广播电视企业采取该种分销模式，意味着本国广播电视企业将不再承担节目在国外的覆盖、传送、落地环节，而前文提到的范围经济和规模经济特性决定了不承担节目制作环节仅承担节目发行和播放的本国广播电视公司一般不会采用这种分销模式，因为其最大的价值增加环节都让渡于外国广播电视网，所以他们会因受困于这种模式的低赢利能力而会放弃这种组合，因此这种低本土化程度的分销模式对于广播电视制作公司更具有吸引力。对于广播电视制作公司而言，由于这种策略固有的缺陷在于不能密切接触和了解目标国受众的消费行为和观后感受，所以其在选择国外广播电视网合作伙伴时一定要慎重。

广播电视制作公司与国外广播电视网技术传送的配合策略有两种：

一种是将本国节目进行国外当地语言的配音和配字幕，这种配合对企业制作资源能力要求一般，所以最好适用规范、价值观和生活方式的差距不明显仅有语言差距的目标国。

表 3-11 当地语言配音和配字幕与国外企业播送一体化结合的匹配条件

一、资源能力类别	所需匹配的能力
企业财务实力	中等
管理者才能	中等
国际经验	基本的在国际市场推广节目的经验
二、所适应的环境——基于制度因素	环境特点
技术要求和行业管制苛刻度	高
规范、价值观和生活方式的差距	无
语言差距	存在
三、适合企业类型	
含广播电视制作业务	
四、辅助环节支持	
可供节目部门和编排部门使用的熟练掌握当地语言的资源	

另一种是本土化节目创作，即根据目标国市场打造出符合消费者特殊需求的电视节目，它更有利于节目的价值认知，符合长期利益，但需要企业具有更高的资源能力，适合文化差距非常明显的目标国。

表 3-12 本土化节目创作和字幕与国外企业播送一体化结合的匹配条件

一、资源能力类别	所需匹配的能力
股权为基础的资源	较强大
企业财务实力	较强
内容资源	丰富
管理者才能	中等

（续表）

新技术资源	丰富
多功能经验	丰富
国际化经验	国际化节目运作经验丰富
二、所适应的环境——基于制度因素	环境特点
技术要求和行业管制苛刻度	高
规范、价值观和生活方式的差距	明显
语言差距	存在
目标国市场战略地位	高
三、适合企业类型	
含广播电视制作业务	
四、辅助环节支持	
可供节目部门和编排部门使用的熟练掌握当地语言的资源	
节目制作人员熟悉当地市场	
具有国际视野的节目制作环节员工	
推动节目在国外消费者心目中认知	

3.3 关于发展中国家广播电视产业进入发达国家市场本土化战略实施路径的探讨

3.3.1 战略联盟存在的合理性

前文在分析广播电视企业本土化战略的影响因素和匹配条件时，指出只有资源能力强的企业才有实力采取高程度本土化战略类型并在管制严格、文化距离大的目标国市场获得好的战略绩效。当前全球传媒市场跨国巨头呈垄断之势，发展中国家广播电视企业资源能力相对较弱，那么这是否意味着发展中国家广播电视产业无法进入到管制严格、文化距离大的目标国市场并获得成功呢？它如何获取高本土化战略所要求的足够资源能力呢？研究认为，价值链分析中的二阶段决策方法提供了一定启示。

战略管理理论认为，价值链分析是研究企业怎样把大量的资源和能力聚集在一起实现增值的。任何企业都不可能具有足够的资源和能力在所有的主要业务和辅助业务上称雄。因此，考察企业是否有资源和能力来开展一项特别的业务活动，从某种意义上取决于企业在该项业务上能否优于竞争者。如果答案是否定的，企业可以采用一个两阶段的战略模式来进行应对。

对于发展中国家广播电视企业进入到一个文化差距大的海外市场，第一阶段企业家需要问“这个市场对本企业真的非常重要吗？”如果答案是不确定的，那么发展中国家广播电视企业可以选择暂时不进入该市场。如果答案为肯定，该市场确实对企业具有战略性意义，那就一定要进入该市场。但由于该类市场必须实施高程度的内部本土化创作，要求企业具有很高的资源能力，因此第二阶段，企业必须自问“我们是否具有比竞争对手更能增加价值的资源和能力呢？”如果答案是没有，那么必须从两方面着手解决：一方面应从内部不断挖掘既有资源和能力的优势效应；另一方面应通过战略联盟来获取这种资源和能力。组织能力理论认为企业国际市场价值创造实质是公司现有资源的有效利用（resource exploitation）和高效新资源的探勘（resource exploration）两种学习过程的动态平衡，这两方面路径与组织能力理论战略选择的观点是相似的。

广播电视企业与内容制作相关的基于产权的资源表现为，所制作的节目中收视率排前的节目和所获奖的节目，基于知识的资源表现为观众资源和国际经验。既有资源的有效利用要求企业努力发挥既有资源和能力的应用价值，它可能挖掘出现有收视率排前节目或获奖节目和目标国市场需求的结合点，利用这种结合点，将自己最具核心的节目改编成受国外观众喜欢的产品；它可能利用所积累的国内观众经验，确定国外目标市场观众群体中有无细分群体与国内所积累经验的观众对象有相似性，从而以国外细分群体作为目标客户实施本土化节目创作，以更好地发挥现有内容资源和观众资源的积累价值。因此，这种实施途径可以看成基于现有资源特性的有效利用。根据这个观点，发展中国家广播电视企业进入发达国家时，不应完全摒弃过去所积累的有效资源，而应该想办法发挥这些资源在新环境中的价值。

组织能力理论认为，在企业专有技术上，市场知识有一般（generic）和更加根植（specific）部分，后者意味着在一国做生意的独特方式。当市场专有技术中在特定目标国做生意所需的根植部分知识越显著，则越需要与特定国家相关的惯例和价值也就越高。这就是区位效应。当区位效应很强，企业专有技术的自身价值就几乎要消失。在开发现有优势的过程中，由于强烈区位效应导致企业自身专有知识价值的消失可能性很大，最终会导致企业选择合作。它意味着当目标国经营所需要的知识具有强烈区位效应时，企业必须通过战略联盟合作来获得在国外市场运营所必需的知识，从而实现高效新资源的探勘。根据这个观点，当发展中国家广播电视企业进入发达国家市场时，由于其已有知识在发达国家可能具有部分不适应性，需要本土化，需要探勘高效新资源，此时寻求发达国家战略联盟予以合作将是一个很好的途径。

Pan（2000）将战略联盟分成契约式战略联盟和股权合资式战略联盟两大类，其中契约式战略联盟包括：许可证（特许经营）、交钥匙合同、共同研发契约、共同市场契约。而合资式战略联盟包括不同程度的部分股权参与。

战略联盟运用到广播电视产业国际经营的合理性在于：前文分析中指出，广播电视企业的资源可以分成基于产权的资源和基于知识的资源两大类，基于产权的资源是由契约法、知识产权法、公司法等法律制度保护的，广播电视产业作为公共产品在各国都会受到一定程度的政府管制，国外企业是很难在一国市场获得诸如频道进入资源这样的以产权为基础的资源，所以国外企业要想其电视节目在一国传送，通过战略联盟借助目标国当地的频道进入资源等以产权为基础的资源将是一个速度比较快、资源投入较低的好途径，同时还必须努力维系与目标国企业的长期合作。假如目标国和源头国之间文化差异明显，源头国企业缺乏在目标国经营的任何经验积累，而广播电视节目的创作中需要大量的具有区位效应的知识资源，知识资源是源头国广播电视公司所缺少的，源头国企业通过与目标国广播电视企业合作，可以规避知识缄默、具有惯例等特性，能够更好地把握当地区位效应的知识，实现适应于当地区位的高效新资源的探勘，为今后在该区位市场长期经营做好准备。

3.3.2 战略联盟运用方式

战略联盟可以运用到制作和播送两个上下游环节之间的合作，也可以用于某个单独价值链环节内的合作。

3.3.2.1 制播环节之间的合作

当战略联盟运用到不同类型的匹配战略时，这些联盟形式属于国内相关广播电视经营实体与国外广播电视台（网）之间基于协议的合作，即属于制播上下游环节之间的合作。战略联盟的契约重点是双方关于产品播送环节的协议安排，国内广播电视经营实体可以通过联盟设计要求对方广播电视台提供相关收视信息，即通过战略联盟，国内企业能够获得目标国播送资源和观众资源的探勘和使用，从而实现资源能力的新提升。因此，如何进行战略联盟结构设计成为其中的难点。

3.3.2.2 制作环节内部的合作

战略联盟还可以单纯地运用到内容本土化创作策略，这单纯地将联盟合作引入到制作环节的合作经营。研究认为，运用主要可以采取两种形式：第一种为以节目概念和构架模式为对象的许可证（reformatting），节目概念通过当地生产以适应外国市场。这种方式必须经过文化敏感度测试，即过滤可能会影响民愤的话题。节目创新是一个整体的、综合的概念，它的核心是节目的构架模式（format）。比如：游戏竞赛类节目的基本构架模式是“由主持人组织的智力问答比赛”；真人秀节目的基本构架模式是“真人实景展现和观众投票表决淘汰”。但是在这个基本模式的基础上，两个类型在世界各地衍生出大量具体的创新节目个案。游戏竞赛类节目围绕是否设立奖金、单个主持人还是双主持人、参赛者是名人还是普通人、比赛过关环节的设计等等派生出不少新的产品；真人秀节目则围绕选择人为设置的场景还是事先存在的场景、表现野外生存竞赛还是室内人际斗争、提供高额奖金还是就业机会等发展出不少新的亚品种。这些都是针对节目构架模式的创新。此外，包括节目演播室的设计、节目受众定位的调整、节目内容的提供、节目主持人的更替、节目播出安排等等都可以进行创新。但这种将节目构架模式采用许可方式交予目标国广播电视企业进行本土化改造的做法有一个基本前提：即广播电视公司对某类节目构架模式具有专有技术和核心竞争力。这种做法的优点在于资源承诺水平较低和风险较少，因此它适合企业在不熟悉或政治动荡的目标国市场实现节目本土化，企业不愿意投入大量的资金资源；这种做法的缺陷在于企业无法通过对国外经营控制实现更大利润，因此对节目构架模式的专有权无法保证有更大的利润增值，甚至还会导致在长期合作中专有技术的流失。

第二种为本国广播电视节目制作公司与目标国广播电视节目制作公司或电视台签订内容共同开发合作协议，以开发出双方资源优势互补的产品。采用这种合作协议的前提为，本国广播电视企业不具备极具核心竞争力的节目构架模式，并对目标国受众缺乏了解，所以需要与对方进行共同开发。优点同样在于资源承诺水平较低和风险较少，因此它适合企业在不熟悉或文化差距大的目标国市场实现节目本土化，企业不愿意投入大量的资金资源，缺点主要在于双方协调一致的管理和运作有难度。因此，需要辅助活动的本土化予以支持。

综上所述，资源实力弱的广播电视公司进入到文化差异大但具有战略吸引力的目标国市场时，市场需要本土化战略，但企业缺乏本土化战略的资源能力，所以企业一方面应通过策略设计充分发挥现有资源的优势再利用，另一方面应考虑利用战略联盟在制播环节和制作环节内部进行合作。

3.4 小结

本章首先以基于资源的战略观和基于制度的战略观为理论基础，提出了影响广播电视产业海外本土化战略选择的因素框架集，详细探讨了各因素的具体影响作用机制。其中，所探讨的资源能力因素包括频道进入资源、内容产权资源、股权为基础的资源、财务资源、管理者才能、新技术资源、多功能经验、观众经验和国际经验。所探讨的制度因素集中为政府管制和文化差距。

在此基础上，研究提出八种不同程度的内容本土化和分销本土化的结合策略，并分别探讨不同结合策略所对应的匹配条件，包括资源能力水平条件、所适合目标国环节特点、辅助环节支持、所适合企业类型和战略实施难点五方面。

鉴于发展中国家广播电视企业资源能力很弱不适合高程度内容本土化，但有的发达国家环境却有高本土化的客观要求，研究运用组织能力理论和价值链分析方法，探讨了战略联盟存在的合理性并从理论上设计了具体的运作方式。

第4章

中国广播电视产业国际化经营的现状和基础条件

4.1 中国广播电视产业国际化经营的现状

4.1.1 典型国际化经营案例分析

（1）中央电视台

中央电视台是中华人民共和国国家所有电视台。中央电视台节目全国人口覆盖率达到95.9%，观众超过11.88亿人。在全球，CCTV中文国际频道、英语国际频道、西班牙语法语频道信号通过卫星传送基本覆盖全球，并在北美、欧洲、非洲、亚洲、大洋洲和中南美洲的120多个国家和地区实现了落地入户。

中央电视台的国际化是以频道为载体，1992—2004年间，中央电视台相继开播了中文国际频道、英文国际频道和西班牙语法语频道。其建设规划为：在2010年之前，实现“3个中文国际频道，3个英文国际频道，1个西班牙语频道，1个法语频道，1个阿拉伯语频道，1个俄语频道”的格局，以切实树立中央电视台“世界级大台”的地位。

◎ 中央电视台中文国际频道

2007年1月1日，中央电视台中文国际频道“一分三”，实现亚洲、欧洲、美洲三版分版播出。扩版后的中文国际频道坚持以新闻为主导，荟萃节目精华，增强针对性和服务性，进一步满足全球观众的需求。分版播出以强化针对性、竞争性、有效性为原则，根据亚洲、欧洲、美洲地区观众的生活习惯和收视特点，丰富节目内容，强化特色编排，增强频道影响力和宣传效果。当前中文国际频道改良突出反映为新闻节目改

良和品牌节目引入两方面。

新闻节目改良策略体现在播放时间和覆盖面程度两方面。欧洲版和美洲版每天增加新闻 105 分钟，实现了全天整点有新闻，并力求次次有更新。同时增加体育、财经等分类新闻，使报道覆盖面更广、针对性更强。《中国新闻》时长增加至 1 小时，致力打造品牌栏目。此外，增加两档 30 分钟的《环球时讯》，全面梳理当天国际新闻。

品牌节目引入表现为中央电视台有针对性地挑选了一批精品栏目。亚洲版增加《百家讲坛》、《大家》、《天天饮食》。欧、美版既有文化类节目《百家讲坛》、《大家》，也有服务类节目《天天饮食》、《财富故事会》、《夕阳红》；既有少儿节目《大风车》，又有文艺类节目《曲苑杂坛》、《神州大舞台》、《欢乐中国行》、《中国音乐电视》。欧、美版还特别荟萃了《北京 2008》，并增设《奥运中国》栏目。综合看来，所引入的品牌节目围绕的是历史、饮食、少儿、文艺、体育类的品牌节目。

按照第 2 章所划分的内容本土化战略类型，中央电视台中文国际频道内容本土化程度低，语言并未实现当地语言配音，基本未进行产品适应性改进。究其原因，主要在于它的市场定位是各国的华裔受众。

◎ 中央电视台英文国际频道

中央电视台英文国际频道成立于 2000 年 9 月，2008 年起，分亚洲、欧洲、美洲三种版本播出。该频道节目主要以新闻报道为主。

英文国际频道传输节目的方式为：通过6颗卫星的全天候工作，实现了对亚洲、欧洲、美洲、非洲等全球98％的陆地和海洋的覆盖。十余年间，英文国际频道的落地覆盖范围扩大，目前完整频道或部分节目时段已经在全球近100个国家和地区实现了落地入户，如美国、德国、英国、法国、俄罗斯、新西兰、南非、埃及、新加坡、印度及中国香港，等等。英文国际频道积极与全世界近百个转播代理机构建立落地网，以有线网、有线台、无线台、直播卫星、数字地面频道等转播方式，实现对海内外2.8亿精英受众的有效到达。

按照前文划分的内容本土化战略类型，英文国际频道内容本土化的程度属于本土化语言字幕和配音，节目传送采取的分销程度低的策略，未在国外独立构建传送、落地和播送平台，而是借助卫星和有线电视、IPTV进入，所以其类型为本土化语言字幕和配音的内容本土化策略和独立承担在外国市场的覆盖，但传递由国外广播电视网承担的分销模式相结合。

（2）中国电视长城平台

"长城平台"是由国家广播电影电视总局组建、由中国国际电视总公司所属的中视国际传媒有限公司负责运营、以海外华人为主要目标受众的电视播出平台，旨在通过与国外有实力的直播卫星电视公司或网络电视运营商合作，使中国的电视节目大范围进入美洲、欧洲、亚洲等重要国家和地区，满足海外华人华侨收看中文节目的需求，推动CCTV-9（英语国际频道）、CCTV-E（西班牙语国际频道）、CCTV-F（法语国际频道）等国际频道有效进入当地主流社会，成为中国广播影视节目走出去、扩大对外宣传的重要途径。长城平台的目标市场为海外华人市场。最早进入美国海外华人市场的电视媒体都具有港台背景。

其发展历程为：2004年10月1日，中央电视台牵头，联合地方电视台组成的长城（北美）平台正式开播；2005年2月1日，长城（亚洲）平台正式开播；2006年8月28日，长城（欧洲）平台开播。长城平台

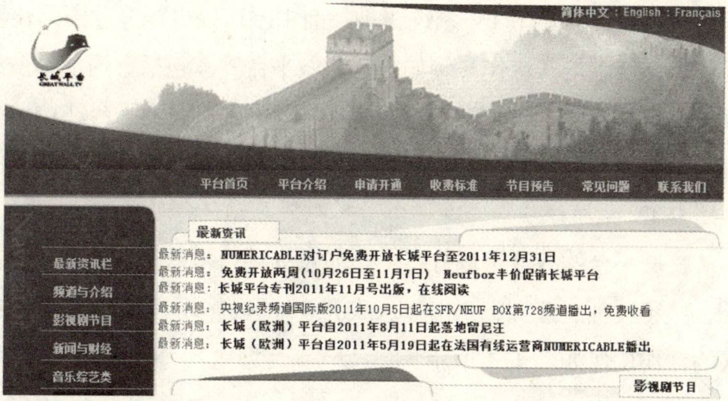

的开播，使中央电视台的节目在亚洲、欧洲、美洲有了更广泛的观众基础。

◎ 节目内容本土化程度

在节目内容编排上，本着“中央为主，地方为辅，荟萃精华、突出特色”的原则，“长城平台”汇聚了来自中央电视台、地方电视台及香港地区的优质频道。从节目内容、编排形式和播出时间等方面尽量满足当地观众的收视需求。以最具影响的长城（美国）平台为例，该平台汇集了中央电视台中文国际频道、英文国际频道、西班牙语国际频道、戏曲频道、娱乐频道、中国电影频道及北京电视台、上海东方卫视、广东南方电视台（粤语）、江苏电视台国际频道、福建海峡电视台、湖南卫视、浙江电视台国际频道、厦门卫视（闽南语）、安徽电视台国际频道、重庆电视台国际频道、深圳卫视、中国黄河电视台、凤凰卫视美洲台、凤凰卫视资讯台、亚洲电视本港台（粤语）、华夏电视台（由旅美华人经营）等22个各具特色的电视频道，可以满足美国观众对文化娱乐和新闻信息节目的不同需求，照顾到华人华侨不同的家乡背景。

从节目内容本土化程度看，由于长城平台以海外华人为主要目标受众，而华人受众的消费者需求与中国国内消费者有相似性，所以节目内容并不需要做出本土化适应和改进。

◎ 覆盖和落地本土化程度

当前，电视节目传输的主流系统有广播电视系统、直播卫星系统、有线数字电视系统和IPTV系统四种。而中国广播电视产业国际化在这三种技术系统上均有合作，例如，“长城平台”就包括直播卫星系统、有线数字电视系统和IPTV系统三种。美国平台、亚洲平台和拉美平台属直播卫星系统，加拿大平台属有线数字电视系统，欧洲平台和东南亚平台属IPTV系统。

从长城平台的战略布局分析：长城系列平台覆盖区域不同，涵盖北美洲、拉丁美洲、亚洲、东南亚、欧洲等地区许多国家。长城平台在各地区的合作伙伴如表4-1所示：

表4-1 长城平台在各地域分销（覆盖—落地传送）一览表

平台地域类型	开播时间	合作伙伴	备注
美国平台	2004年10月1日	美国第二大直播卫星电视运营商艾科斯塔公司（EchoStar）	通过其直播平台覆盖美国全境，成为世界上最大的中文电视平台
	2007年	美国麒麟网	借助美国麒麟网进入有线电视
亚洲平台	2005年2月1日	通过亚太5号卫星的Ku波段播出	主要覆盖韩国、越南、泰国和中国香港、澳门、台湾等亚洲国家和地区
加拿大平台	2007年4月17日	加拿大最大的有线电视运营商罗杰斯公司	覆盖加拿大东部地区
欧洲平台	2006年8月28日	法国电信、FREE电信、NEUF电信等实力雄厚的电信公司	该平台首先在法国开播，以后逐步向英国、德国、荷兰、意大利、西班牙等国扩展。在法国乃至欧洲华人社会具有较大影响的法国陈氏传媒集团是节目推广方面的重要合作伙伴
拉美平台	2008年1月1日	美国精宇卫星科技公司（ADTH）	覆盖从墨西哥到阿根廷的广大拉美地区

（续表）

东南亚平台	2009 年 9 月 20 日	马来西亚至爱中文电视（DETV）公司	DETV 是马来西亚首家以中文节目为主的 IPTV 运营商，著名华商郭鹤年旗下的立通电信（Red Tone Telecommunications Sdn Bhd，系马来西亚第三大电信运营商）和绿野集团、中南企业等知名公司是其主要股东

从广播电视节目分销模式角度分析，长城平台在各区域的分销均采取低程度本土化模式，即完全借助国外 IPTV 网、有线电视网或卫星传送平台。

◎ 长城平台运行机制

综合看来，长城平台所涵盖的节目包括公有频道（中央电视台和部分省市台）和商业所有频道（如凤凰卫视），所以其运行机制也是公共支持和商业运作相支持。具体而言，在启动阶段，政府给予一定的财政支持，之后由中视国际传媒有限公司按照商业模式进行运营。提供节目的各电视台负责解决国际版权问题，中央电视台负责节目的集成和传输，外方合作伙伴负责节目播出、推广和客户管理。中外双方及参与平台的各电视台根据商业原则签订合作协议。

（3）民资企业代表——蓝海电视

蓝海电视（简称 BON）是一个民间机制的商业电视播出机构。它旗下拥有多个 24 小时全天候播出的卫星及有线电视频道，是一个英文电视频道群，它是世界上第一个进入西方主流社会、传播中国内容、民间机制的商业电视播出频道。BON 北美卫视目前覆盖美国、加拿大、墨西哥、古巴。BON 亚洲卫视覆盖亚洲 50 多个国家和地区，包括中国大陆、香港及台湾地区。

从广播电视产业价值链角度分析，蓝海电视经营的业务包括了：电视频道运营、电视节目制作、广告经营、媒体活动运作、媒体服务、节

目发行，对照第 2 章图 2–1，可以判断出蓝海电视的经营业务是覆盖了广播电视产业全部价值链。

从资金实力判断， 作为民营性质的商业电视播出机构，其商业和赢利模式比较稳定，赢利模式包括与多家美国有线运营商（付费频道）达成收费分成协议、适合西方受众习惯的原创英文节目的全球发行。稳定的商业化赢利模式使其受到了风险投资基金的青睐。例如，BON 成立的股东构成中即包括风险投资公司 CDH Venture Partners。

◎ 内容本土化策略特点：充分发挥中国文化特点的本土化节目创作

蓝海电视的本土化体现为不仅语言是英语和原创的西方表达方式的英语节目，而且蓝海的节目主持人、节目制作理念、节目形式与包装等都采取西方电视表达方式，符合西方观众的收视习惯。在节目制作理念上，蓝海节目强调客观、中立、尊重事实，没有政治主张，不宣传意识形态，不为政治服务，非官方民间立场。

蓝海节目在内容选择上充分发挥中国文化资源特点。主要涉及当前国外民众与中国关系较为密切的经济、商务、旅游、民生等方面，注重促进中外民众的经济、文化交流。通过其网站，获得其节目主要板块：新闻、旅游、学习中国话、脱口秀、Variety、Business、China brand。

◎ 蓝海电视的分销模式

蓝海电视有线频道在美国多个主要城市落地，落地承载的运营商包括时代华纳、Verizon Fois、Charter 等，落地城市和地区包括纽约、洛杉矶、华盛顿、波士顿、费城、达拉斯、芝加哥和夏威夷等。蓝海电视 2010 年实现全美的卫星电视和有线网络联网落地，并逐步向其他国家和地区扩展，最终形成一个全球联网的国际电视媒体。落地方式包括借助时代华纳有线网络 Time Warner Cable Network[Channel 92]、数字陆地网络 Digital Terrestrial [Channel 48] 和 Verizon 网络 Verizon Fios network [Channel 466]。由此可见，蓝海电视的分销模式仍旧选取本土化程度较低的方式，即借助国外有线电视和卫星数字网络实现落地和传送。此外，蓝海节目还通过蓝海视频网（www.bonlive.com）向全球观众播出。

◎ 蓝海电视进入时机的合理性

由于金融危机给美国经济带来的严峻形势，使得落地价格降低了很多，蓝海电视把握时机，用原有的资金争取到落地条件。

◎ 蓝海电视本土化经营策略小结

从内容本土化策略看，蓝海电视采取的是本土化程度最高的内容本土化创作策略，而在落地方式上选择的第三种模式，借助美国当地承载的运营商实现落地。同时蓝海电视从管理组织结构和人力资源结构等价值链辅助活动上也为内容本土化创作提供支撑。例如，在组织结构上，蓝海传媒集团总部在北京，在中国香港、美国纽约、加利福尼亚、佛罗里达、夏威夷等地设有分支机构。人员结构上，员工由来自世界各地的电视传媒专业人员和运营人员构成，这也充分体现了人员结构本土化。这说明它的经营最大特色为面向国际主流社会、传播中国内容和国际化的表达方式。

4.1.2 国际化经营现状特点小结

根据前文分析，对三种电视平台本土化经营策略做如下总结，见表4-2。

表 4-2 三种电视平台本土化经营策略

企业主体	企业性质	传播内容	目标受众	内容本土化	分销本土化	覆盖区域
中央电视台	公有	中央电视台下属若干频道，以频道为载体	海外华人为主体	本土化程度低，最大的本土化也表现为节目改为当地语言	节目传送上也通过自己的卫星实现了覆盖，但是落地是借助各地转播代理机构	北美、欧洲、非洲、亚洲、大洋洲和中南美洲的 120 多个国家和地区
长城平台	公有和商业化运作结合	中央台、地方台、凤凰频道等	以海外华人为主要目标受众	国内台的节目几乎不做本土化适应，所选频道主要是有中国文化特点的频道，定位的主要是具有相似文化血脉的海外华人	传送主要还是借助于当地电视网和国外直播卫星平台；亚洲平台用的是自己卫星	涵盖北美洲、拉丁美洲、亚洲、东南亚、欧洲等地区许多国家
蓝海电视	私营企业，商业化运作	单个频道内的节目制作、提供和编排	全球关注中国发展的群体	最高程度本土化，不仅是英文语言，而且节目主持人、节目制作理念、节目形式与包装等都采取西方电视表达方式，并能发挥中国文化特点	依靠当地运营商。落地方式包括有线网络、数字陆地网络、Verizon 网络	BON 北美卫视目前覆盖美国、加拿大、墨西哥、古巴。BON 亚洲卫视覆盖亚洲 50 多个国家和地区，包括中国大陆、香港及台湾地区

综合表 4-2，研究说明以下几点：

（1）三个电视平台运营都覆盖了亚洲和北美市场，但分销落地全部没选择最高本土化程度的模式——国内企业播送一体化模式，这说明广播电视产业是受政府管制非常严格的产业。

（2）公有性质的中央电视台和公有背景支持的长城平台其目标受众定位均为海外华人市场，由于需求与国内市场具有相似性，所以其采取的是内容本土化程度较低的策略。按照第 2 章和第 3 章的分析，这种方式资源投入承诺水平要求不高，进入时间快，对主体在价值链中制作环节的能力要求不高，比较适合资源能力中等的广播电视台。由于中央电视台和长城平台都具有公有性质，因此赢利动机不够强烈，所以中央电视台和长城平台选择这种较低程度内容本土化策略具有可行性。但由于节目受众范围小的局限性，因此其影响力也主要局限于海外华人市场，所以消费受众给予的整体价值不高，不利于中国文化的进一步传播。

（3）私营企业的蓝海电视，它的目标受众定位为全球对中国感兴趣的受众群体，采取本土化程度最高的本土化节目创作战略，这种战略的优势在于消费者给予的整体价值评分高，但缺点在于，该种策略需要很高的资源投入，风险大，管理难度大，因此对蓝海电视资源能力要求非常高。

（4）从进入模式与本土化战略匹配的角度分析，它们选择的都是契约性进入合作方式，均与国外电视网运营商签订协议，交由对方提供电视节目落地服务。因此可以判断，契约方式是当前中国广播电视产业进入国际市场的最主要方式。

4.1.3 当前中国广播电视行业本土化策略的问题

通过上文分析，研究认为当前中国广播电视行业本土化存在的问题体现为以下各方面：

（1）由于目标受众局限于海外华人，所以内容本土化程度低，导致海外消费者对节目价值评价不高，中国广播电视国际影响力还不够。中国广播电视产业要提高海外消费者对其节目价值认可度，必须在内容上进一步加大本土化程度。而蓝海电视，将内容本土化创作和中国文化结合的策略，将对未来广播电视行业制订战略起参考作用。

（2）在分销本土化上，主要借助的是当地有线电视网或卫星传送平台，采取的是最低程度的国外企业播送一体化。一方面原因是目标国管制严格，而另一方面是中国企业自身播送资源能力不足，这种方式在一定程度限制了中国广播电视行业对国外电视受众消费行为的了解，不利于广播电视产业价值提高。因此，随着广播电视产业资源能力提高，在部分管制较松的地区，应该会有实力在国外建立自己的播送平台。

（3）目前合作方式主要是中国制作和国际播送环节间的契约合作，即制播间的协议合作，缺乏制作环节内部的合作。以长城平台在美国合作伙伴 Echostar 为例，它是一个单纯的卫星网络服务商，仅提供卫星服务，拥有或租用 10 个卫星并有 FCC 相关许可证，拥有一个包括 10 个数字广播中心的网络，不从事内容制作。中央电视台负责节目的提供，外方合作伙伴负责节目播出、推广和客户管理。因此，中方企业无法通过合作来提高内容制作能力，而内容制作能力正是中国广播电视产业实现本土化节目创作这一高程度模式所必需的资源能力。

4.2 中国广播电视产业国际化经营的基础条件

基于产业国际竞争力越强，其国际化经营的基础条件越成熟，所以本书采用波特的钻石模型对中国广播电视产业国际化经营的基础条件进行论述。

4.2.1 生产要素

波特在钻石模型中把生产要素分为基本要素与高等要素、通用要素与特殊要素。广播电视产业的基本生产要素包括广电资源（内容和技术）、资本资源和人力为代表的智力资源。其中，按照波特理论，广播电视内容资源和资本资源主要属于初级生产要素，而技术资源和人力为代表的智力资源属于高级生产要素。

（1）民族文化资源优势

中国有着不同于西方国家的独特而悠久的文化传统，中国文化资源可以体现为以下两方面。

首先从语言角度分析，查尔斯·希尔认为，语言是文化的重要部分，是文化的载体。近年来，随着中国经济的蓬勃发展和日益开放，外资的持续涌入和对外贸易的扩大使得汉语的国际推广成为必然趋势。汉语作为一种极具生命力的语言，在国际社会中受到关注的程度越来越高。根据联合国《2005 年世界主要语种、分布和应用力调查报告》，汉语的国际地位已经位居全球语言中的第二位，仅次于英语。2005 年全球学汉语的人数有 3000 万，而到 2008 年人数已上升到 4000 万。仅以美国为例，2006 年美国有 5 万名七年级至十二年级的学生在学习汉语，而这一数据在 2000 年仅为 5000 人，人数 6 年来增长 10 倍。美国密歇根州立大学与中国政府出资设立的孔子学院（Confucius Institute）共同开发一款供美国中学生学习汉语的网络游戏《ZON—THE NEW CHENGO CHINESE》。游戏中玩家将造访中国的城市、乡村，与其中的教师和其他玩家相互交流，在其间逐渐学习中国的语言、历史、文化等知识。

其次，中国具有丰富的旅游资源，秀美壮丽的山川河流、具有丰富历史底蕴的名胜古迹、种类繁多的珍稀动植物、丰富多彩的民风民俗和各地独具特色的民族歌舞和小吃美食，吸引世界各地的旅游者竞相游玩。中国旅游资源可以分成自然景观、历史人文景观和民风民俗三大类。从自然景观分析，960 万平方公里的广袤土地上各类地形繁多，奇山异水比比皆是。从历史人文景观分析，中国五千年的漫长历史留下了无数文化古迹，例如被誉为“世界奇迹”的长城、“东方艺术宝库”莫高窟，中国的宗教文化圣地也从南到北星罗棋布。从民风民俗分析，中国 56 个民族节日各具特色，服装、饮食、生活方式、生活习俗、歌曲舞蹈等异彩纷呈，对广大游客特别是国外游客也极具吸引力。

（2）资金劣势

广播电视行业对资金要求很高，这主要是由其经营活动特性所决定的。广播电视行业经营活动的现金流入具有周期性和流入、流出的非均衡性两大特点。前者意味着电视作品从启动投资开始拍摄到许可给各大电视台播放实现销售收入并回笼资金往往需要至少一年时间；流入和流出的非均衡性意味着资金流出持续着电视作品的摄制、作品推广、发行的全部过程，但作品销售收入资金的回笼往往在某几个时点发生，呈明显的间歇性，从而导致了经营活动现金流入和流出的非均衡性。由于经营活动现金流量的周期性和非均衡性，一旦广播电视节目制作公司需要扩大规模经营时，外部筹资必不可少。如果广播制作公司不能按时获得所需资金，广播电视制作公司的作品制作投资计划会搁浅，也就无法扩大经营规模、提升赢利能力。因此，资金资源在广播电视制作公司市场竞争中起着至关重要的作用。

第2章分析指出，广播电视产业规模经济效应强。规模化竞争客观上设置了一个很强的资金规模和传播规模的竞争壁垒。以广播电视节目制造业为例，目前，许多优秀影视剧的投资都在千万到亿元之间，但当前国内许多制作公司的年销售收入也仅在2亿元之间。如果仅靠销售收入来进行项目投资，广播电视制作公司所投资的制作项目有限，所以它们必须获得额外的资金支持。另一方面，广播电视产业的高投入还表现在技术升级上。当前国内广播影视产业正在进行数字化改造，需要大量的资金投入推动数字电视的发展，这包括机顶盒的投入、有线电视网络的升级和改造。但是事实上，中国广播电视产业获取额外资金来源的渠道非常有限，目前全国13家传媒业公司，与广播电视产业相关的上市公司仅有5家，其中广电网络和歌华有线负责广播电视的传送，而华谊兄弟、华策影视和中视传媒为影视制作类公司。相对而言，2001年美国传媒业就已有195家上市公司，其中广播影视业84家，在美国4524亿美元的总市值中，广播影视业就达3570亿美元。又如，2010年中国广播电视行业总收入为1959.5亿元，美国2009年广播有线电视总收入为1266.58亿美元。COMCAST 2009年销售收入为357亿美元，AOL为257亿美元。中美之间巨大差距也说明中国广电产业在资金禀赋上能力不足。

（3）智力资源不足

智力资源主要指广播影视高级经营管理人才和科技创新人才。广播电视产品具有创造性，因此其发展需要创意阶层，依赖于创意群体的高文化、高技术和高管理人才，特别是创意阶层中富有创造性的高端创意人才。当前，中国缺乏高级经营管理人才和科技创新人才。

据统计，目前全国影视行业从业人员超过300万人，但总量依然不足，而且某些人才结构也不合理，尤其是专业人才严重不足，高层人才更加紧缺。影视作品的制作是一个十分复杂的过程，整个过程无论作品的摄制还是剧组的管理都需要有相当的专业知识和丰富的工作经验。通常而言，要完成影视作品的摄制，须组建由制片部门、导演部门、摄像部门、录音部门和美术部门构成的剧组，各部门岗位均需专业人士方能胜任。同时，广播制作公司一般需要企划制作部和品牌宣传部，前者负责影视剧题材的征集、筛选，影视项目资料审读、组织协调、合作团队沟通协调；后者负责影视剧宣传。因此，从分离产业链活动环节和创作层面看，中国缺乏优秀的商业化运作精神的策划创作人才；从技术层面看，中国缺乏具有影视艺术基础知识、掌握数字影视制作技术的专业技术人才，包括特效制作、3D动画师等技术人才。从经营管理层面看，中国缺乏既精通外语和国际知识，又精通影视传播业务的对外经营传播人才。此外，无论是处于上游的广播制作发行公司，还是处于播送环节的企业，都需要专业的职业经理人、会计师、审计师、资本运营、财务管理、媒介推广、项目策划与市场开发管理、广告经营等方面的人才。这些经营管理人才有的负责影视剧题材的征集、筛选，影视项目的资料审读、组织协调、合作团队沟通协调；有的是品牌宣传的专业人才，负责电视剧宣传画册、海报、展厅及公司其他相关内容等宣传品的设计制作，巩固及完善媒体网络，并与之建立良好合作关系；有的人员负责行业法律法规政策及编剧、导演、演员及影视项目等最新动态资料的收集整理；有的人员依据公司长期发展战略、制订销售规划，负责全球电视、音像及新媒体的发行业务；还有的专业人员提供专业化的营销服务，维护和开拓客户资源及网络，组织、参加国内外各项影展等外联活动。

当前广播电视产业的竞争更应该是高等要素的竞争，它包括现代化电信网络、高科技人才、尖端学科的研究机构等各个方面，而创造这类要素需要在人力和物质上进行大量和持续的投资以拥有高级的人力资源和技术。毫无疑问，中国广播电视产业目前在人力资源和资金资源上的缺乏，严重制约了高等要素的竞争。

4.2.2 需求条件

波特认为，本国需求条件是一个行业是否具有国际竞争力的重要影响因素。不同国家国内的需求规模、需求特征、需求国际化等方面的差别对产业的竞争力有着深远影响。企业的投资、生产和市场营销考虑的首先是该企业所在国的市场需求，从而该企业才能建立起有利于国际竞争的生产方式、组织结构和营销管理策略。

（1）国内的需求规模

纵观中国的广播电视文化产品市场，国内自身需求规模应该是潜力巨大。根据国家广电总局的统计数据，2010 年全国有线电视用户 18730 万户，有线数字电视用户 8798 万户，我国广播综合人口覆盖率和电视综合人口覆盖率已经分别达到 96.78% 和 97.62%，全国共有广播电台 227 个，电视台 247 个，广播电视台 2120 个，教育电视台 44 个，这表明中国的广播电视文化产品的市场需求相当旺盛，市场潜力巨大。

波特认为，国内内需市场可以通过它对规模经济的影响力而提高本国产业的效率乃至竞争力。从这个角度看，尽管中国广播电视产业需求规模大，但其规模经济的影响力没有完全发挥出来。因为我国电视媒体的格局是“三级办台”，即中央台、省级台、城市台三级电视台交叉混合覆盖，其中中央电视台多数频道实现全国覆盖，拥有最大规模观众；省级电视台在本省覆盖的基础上，其下属卫星频道基本实现全国覆盖；城市电视台基本是本地覆盖，覆盖范围最小。所以从这个角度看，真正能享有国内内需市场规模经济的主要为中央电视台和省级电视台的卫星频道。因此，尽管中国广播电视产品市场规模和潜力大，但省市级电视台很难享有其规模经济的影响力从而导致本身竞争力不足。此外，广播电视播放传送的运营商也面临地方割据的竞争局面。

（2）从国内市场需求转换为国际市场需求的能力

国内广播电视市场的质量比市场需求规模更重要。在产业竞争优势上，国内市场的影响力主要通过客户需求的形态和特征来影响。广播电视产品和服务的消费者是一般客户，因此，源头国消费者和目标国国际市场消费者需求的形态和特质的异同将极大地限制源头国广播电视企业经营从国内市场需求转换为国际市场需求的能力，即如果中国消费者和目标国国际市场消费者对广播电视产品节目类型需求相似，则中国广播电视企业经营迎合国际消费观众需求的能力更强。广播电视产品和服务本身传递的是文化，而世界各国文化都存在一定差异，因此，从需求国际化的角度观察中国广播电视产业的国际竞争地位不太乐观。中国悠久的历史、丰富的文化遗产和精神财富常常让中国的影视文化产品中所包含的历史性、民族性和意识形态性的因素过多。中国和西方消费者在文化背景、历史传统、审美预期、语言、字幕甚至口音等方面存在明显的需求差异，这都让中国的影视文化产品在国际竞争中产生较大的文化折扣而很难得到国外市场的广泛认同，从而使得竞争变得障碍重重。

4.2.3 相关和支持产业发展

波特从外部经济、技术和信息环境、知识共享等方面着手，证明了相关和支持产业对于其相关联的某个产业国际竞争力的影响。通过波特的理论不难得知，国际竞争往往不是单个行业之间的竞争，而是各国该行业的生产、营销体系之间的竞争，只有当相关联的上游产业发挥集群优势，贡献出群体的能力和策略从而形成优势产业群，其中的某个产业才能具备较强的国际竞争力。相关产业的表现与能力自然会带动上游产业、下游产业的创新和国际化。

广播电视产业第一层外围行业包括：节目内容相关行业、电子信息产品制造业、广告主相关行业。第二层外围行业包括：科技教育、体育、娱乐和旅游。

大而言之，广播电视产业从属于内容产业。欧盟“info2000 计划”把内容产业主体定义为，制造、开发、包装和销售信息产品及其服务的产业。内容产业的范围包括各种媒介上所传播的印刷品内容、音像电子出版物内容、影视传播内容等。

广播电视产业发展需要技术产业的支持，这主要是基础设备设施制造业和终端接受设备制造业发展。基础设备设施制造业包括广播电视发射设备、中心设备、电视摄像设备以及其他配套广播电视设备等制造。终端接受设备制造业包括电视机、收音机、机顶盒、DVD 等播放设备的制造。

广播电视产品的生产作为内容生产的源泉，与其内容相关联的产业包括科技教育、体育、旅游和娱乐。

研究主要从由上而下的扩散流程和相关产业内的“提升效应”两方面论述。

（1）由上而下的扩散流程

国家钻石理论认为，本国供应商是产业创新和升级过程中的重要一环。因为只有形成世界一流的供应商，彼此之间存在并维系紧密的合作关系，才能推动产业国际竞争优势的形成。具体到广播电视产业，其上游供应商依次衍生为节目供应商，节目供应商往上技术层面衍生到数字、图像、计算机、音响等效果设计行业，节目供应商往上内容层面衍生到体育、教育、旅游和娱乐等产业。它们彼此之间理应有一种紧密的合作关系。一方面，技术层面的上游供应商协助广播电视节目制作商了解、认知新的数字技术、图像处理技术、音响处理技术、动漫处理技术等新信息、新电子，内容层面的上游供应商协助广播电视节目制作商认知消费者最感兴趣的体育、教育、旅游和娱乐热点；另一方面，广播电视节目制作商、广播电视台给上游产业从业者提供市场视野，带动上游从业者自我创新，努力发展面向广播电视电影制作的新技术，推动其新技术、新消费者热点的商业化应用价值的最大化。当双方信息传递渠道通畅、合作关系紧密时，整个产业的创新步伐会加快，则国际竞争优势会加强。此外，如果上游从业者本身具有世界一流的实力，不仅能够提供本国客户所需要的最新技术，而且还能打进国际市场，服务于外国的竞争者，那么其对本国广播电视产业从业者提供的信息将更具有参考价值。

然而，当前中国广播电视产业上游的技术产业还处于起步阶段，面向广播电视产品的创新还非常薄弱，与国际同行之间还有很大差距，更缺乏具有世界一流的实力去服务国外同行，中国许多大制作的节目还需要依赖于国外知名的音响师、特技师等，所以这极大地制约了从上而下的扩散过程。而从内容产业分析，旅游、教育产业作为服务产业，目前的服务贸易国际竞争力仍处于劣势，创新也不足，因此也制约了由上而下的扩散过程。尽管中国的体育事业发展很强，但由于国内外体育关注热点不同，体育产业化也正处在发展阶段，所以中国体育事业在带动广播电视产业扩散效应方面作用有限。

（2）相关产业内的“提升效应”

相关产业内的“提升效应”不足，也一直是中国广播电视产业的薄弱环节。

广播电视产业和印刷品内容、音像电子出版物内容、电影内容等相关产业间的产业价值相近，应该可以在版权上合作、分享；广播电视内容和音像电子出版物内容、电影内容之间在电脑、设备、摄影器材和应用软件方面都能互补，因此这就决定广播电视产业的相关产业可以给其带来巨大的提升效应。

中国目前广播电视节目相关产品的开发非常少。在国外，影视文化产业的利润不仅仅在于票房的收入，票房以外的相关产品收益通常也占有很大份额。以美国为例，电影以外开发的相关产品的收入往往可以达到电影票房收入的 2 到 4 倍，例如我们所熟知的“猫和老鼠”，它不仅产生了电视作品，还产生了系列玩具、系列杂志、网络游戏、服装。而中国广播电视节目的收入绝大部分都来自于发行收入，版权相关产品的开发几乎为零，因此彼此间的提升效应不足。

不过，近年来，中国广播电视相关产业的提升效应有所增强。这主要表现在：一方面，很多优秀电视剧或电影都选自于畅销题材小说，例如电视剧和电影《山楂树之恋》、《风声》均翻拍于同名小说，特别是《风声》电视剧和电影版本均由同一家制作公司——华谊兄弟制作。可以说，电视剧、电影、印刷品和音像电子出版之间在版权上开始分享；另一方面，一些广受儿童喜爱的国产动画片不仅与印刷品和音像电子出版物合作、分享，甚至还开发了相关玩具和服装产业，实行了无形内容产业和有形产业的产业价值共同提升。

尽管目前产业提升效应有所加强，但也存在一些缺点：第一，产业提升效应所涉及的电视作品题材局限性强，主要为电视剧和儿童动画片，而这两类题材的消费者需求偏好差异明显，因此电视剧和儿童动画片很难直接被国际消费者接受，因此在国际市场竞争时，产业提升效应将受到抑制。第二，目前中国媒体产业整体竞争力非常弱，缺乏不同媒体形式融合为一体的多元化经营媒体巨头，不利于多种产业价值的范围经济在同一企业集团管理下实施有效竞争和分享。而与之相对应，西方传媒巨头在不断的兼并重组下形成的都是融电视、电影、报业、互联网为一体的媒体公司，例如默多克的新闻集团。第三，与新媒体之间的范围效应发挥有待进一步提高。例如，国外知名电视系列剧均有专门网站和网络游戏、乃至衣物网上拍卖，而这方面，中国有很大差距。

4.2.4 企业战略、结构及同业竞争

“钻石模型”理论认为，企业因素是钻石体系中的一个关键要素，具体包括如何创立、组织、管理公司，以及竞争对手的条件。企业的目标、战略和组织结构会随着各国产业的实际差异而有所不同。本书从产业竞争结构、资本运作能力和与国外合作经验积累三方面展开分析。

（1）产业竞争结构

国家竞争优势理论认为，创造与持续产业竞争优势的最大关联因素是国内市场存在强有力的竞争对手。中国广播电视产业竞争现状是产业竞争激烈，但从业者并不强大，因此产业竞争水平是低水平竞争，从而导致资源过度消耗，妨碍规模经济的建立。

我国电视产业结构可以划分为三个部类：一大部类是广播电视制作公司，它们拥有节目制作资源；一大部类是电视台，它拥有节目资源和播出频道资源；另一大部类是传输网络，其中当前有线电视网络是广电产业中的传输资源。

（a）制作公司的竞争

表 4–3 广播电视制作公司的分类

制作主体	节目类型
1100 家民营公司	制作电视剧
中央台、省级台、城市台	制作综艺节目、新闻节目、财经节目
海外节目提供商	制作体育节目和专题节目

表 4–3 给出广播电视制作公司的三大主体分类，这三类制作主体制作的节目，其传输依靠发射塔、有线网络和卫星。不同节目类型的竞争效率有所差异，由于电视剧的制作主体是民营企业，其市场化意识强，所以电视剧市场竞争推动了电视剧制作水平的提高，但国内和国外消费者对电视剧偏好有明显差异。而现在各大电视台对综艺节目、新闻节目、财经节目都逐步推行招标制，公平的市场竞争也推动了节目水平提高。特别是海外节目提供商的引入，也推动体育节目和专题节目的竞争水平。所以，广播电视制作业的竞争比较有序，在一定程度能提高效率。

（b）广播电视台、网间竞争

电视台之间的矛盾主要体现为电视台广告经营竞争加剧。中央台、省级台、城市台三级办电视的格局和广告厂商投放特点决定了我国电视台广告经营中中央台独大、省级台次之、城市台最弱的结构。此外，行政力量与市场力量之间所导致的局台矛盾也比较严重。电视台是属地广电管理部门重要的管理对象，一方面广电管理部门会积极支持电视台发展，另一方面，事业体制的管理方式造成了广电管理部门以行政力量积极介入电视台管理。

电视台对于传输手段的依赖，造成了电视台的传输压力，形成了网台矛盾。电视台覆盖问题，导致了电视台和网络之间关系的变化。网台之间矛盾集中体现为：一、卫星频道不断增多和有线电视网络资源相对稀缺之间的矛盾；二、市场运作与有线电视网络自然垄断属性之间的矛盾；三、有线电视网络作为市场化的经营主体和非市场化的卫星电视节目传输主体之间的矛盾。

中国国内广播电视产业中台网竞争矛盾严重制约了效率的提高。不过，当前国内的电视频道已从最初的节目竞争、栏目竞争逐步过渡到频道竞争阶段。目前，随着频道的专业化和制播分离，建立以频道为单位的频道管理机制已经是我国电视传媒业发展方向。

（2）资本运作不成熟，缺乏完善的投融资体系，资本实力不够强大

广播电视产业是高投入产业。中国的广播电视产业起步较晚，并且绝大部分资本来自政府的支持，而政府的支持有限，广播电视产业对外借款和利用资本市场筹措资金能力有限，所以限制了产业的规模化发展。而且，“事业单位，企业化管理”的竞争和管理方式，使得广播电视台市场化竞争意识不足，政府资助还容易使制作机构产生较强的依赖性，它们往往不是想办法提高自身的经营能力与竞争能力，忽略了市场需求，也抑制了广播电视台的资金融取能力。同时，广播电视媒体在资本运作上面临体制障碍，由于许多广电机构是事业法人而不是在工商局合法登记的企业法人，从而不是市场经营的主体，因而不具备投融资的资格。

（3）新兴商业形态——与国外合作

新的商业形态会带动创新，积累新的知识和经验，从而有助于产业竞争优势的提升。波特认为，形成新商业形态的力量有两种。第一种为

出现新厂商，第二种为公司的内部多元化经营。目前，中国本土广播电视公司实行多种媒体多元化经营的不多，因此新商业形态的形成力量主要来自于外国传媒机构的进入。

国外传媒机构也积极通过合作生产向中国出售电视节目。一般有两种做法：第一种是同中国国内电视台以投资合作或赞助方式提供节目素材，由合作的电视台制作包装后在中国播出和出售；第二种是投资中国国内节目制作公司、节目发行公司，通过这些公司将自己的电视节目引进到中国。表 4–4 给出了进入中国的主要境外电视节目。

表 4–4 进入中国的主要境外电视节目

节目名称	节目类型	所属电视网	所属机构
小神龙俱乐部	儿童节目	ABC	迪斯尼
Nicklodeon	儿童	UPN	VIACOM
MTV	音乐节目	VIACOM	MTV
DISCOVERY	专题节目		探索频道（DISCOVERY）
神奇的地球	专题节目	时代华纳	国家地理

4.2.5 政府因素

政府是国家竞争优势中的一个重要辅助角色，政府与其他关键要素之间的关系可以是正面的，也可以是负面的。中国广播电视产业发展模式是政府主导的公共发展模式。因此，政府管理在广播电视产业发展中起重要作用。政府可以从通过补贴、专业人才教育培训和资本市场的扶持对广播电视产业高级生产要素的培育予以支持，政府也可以通过补贴、财政支持、教育、创新鼓励上游产业和相关产业的发展。本书重点分析政府因素在以下各方面的作用：

（1）政府政策对企业转变经营机制、提高竞争水平的影响

当前，中国广播电视产业政策管理重点是体制改革和机制改革。例如，2004年《关于促进广播影视产业发展的意见》中明确指出，对于产业经营前景比较好、具备企业化运作条件的，比如体育、交通、影视、综艺、音乐、生活、财经、科教等频道频率，在确保频道频率作为国家专有资源不得出售，确保节目终审权和播出权牢牢掌握在电台、电视台手中的前提下，经批准可以组建公司，探索进行频道频率的企业化运营。

（2）政府在国际化中的支持

中国政府为提高中国全球形象，对许多活动和机构投下重资。外交部新设公共外交办公室，国家广播电影电视总局专门设立国际合作司，其职责之一是组织实施广播电影电视"走出去"工作，审批国内广播影视节目在国（境）外落地或在国（境）外租买频道、时段、办台播出我广播电视节目。国务院信息办公室正与中国传媒和文化交换组织共同进行"走出去"战略。2009—2010年，中国政府在"对外宣传工程"上共投资87亿美元，主要集中于中国中央电视台、中国广播电视台、新华社、中国日报。

（3）政府职能存在问题

目前，政府以行政力量条块分割市场，使得广播电视台实现规模经济和范围经济较为困难；二是"事业单位，企业化管理"降低了资源使用效率，行政性行业垄断加上缺乏市场推出机制，形成产业瓶颈；三是政府对广电产业设置严格的资本准入制度，制约了产业的投融资发展；四是广电产业缺少完善的法律法规规范发展；五是广播电视发展和通信网络发展分别由国家广播电视总局和工信部主管，不利于广播电视产业获得更多新兴管理经验。

（4）政府政策在数字广播电视发展速度中的作用

当前，中国广播电视产业正处于从传统模拟技术向新兴数字化技术的转型期，许多大城市正在积极推进数字化和信息化技术平台，并大力推进适应数字化新兴广播电视产业业务。由于以美国为代表的发达国家

已基本实现电视节目完全数字化，所以中国广电管理部门对广播电视产业数字化发展战略的扶持力度，必将极大地影响着广播电视产业数字化的进程，继而从技术层面提高了国内市场需求向国际市场需求转化的能力。

4.3 小结

本章首先对中国广播电视产业国际化经营开展了案例分析，选择了中央电视台、长城平台和蓝海电视进行比较分析，归纳出当前经营的缺点。主要体现为：中文节目为主导致目标观众范围窄和影响力不大、落地方式本土化低和未深入到国外主流观众群体、国内与国外合作范围仅局限于制播之间的合作。在此基础上，运用波特国家竞争优势理论对中国广播电视产业国际竞争力展开要素分析，以探讨中国广播电视产业国际化经营的基础条件，具体识别的优势和劣势如表 4-5 所示。

表 4-5 中国广播电视产业竞争能力的优劣势

主要要素	优势	劣势
生产要素	丰富的文化——内容要素	资金缺乏、高级人力资源缺乏
需求条件	需求规模大，省级电视台的卫星频道和中央电视台	除中央台外，其他没有获得充足的规模经济效应；国内外需求差异大，国内需求直接转换为国际需求能力弱
相关和支持行业	很多优秀电视剧或电影都选自于畅销题材小说；一些广受儿童喜爱的国产动画片不仅与印刷品和音像电子出版物合作、分享，甚至还开发了相关玩具和服装产业	内容和技术产品创新薄弱
		内容和技术均反映出缺乏世界一流的供应商；内容层面，旅游和教育等服务贸易产业竞争力不足
		产业提升效应所涉及的电视作品题材局限性强，电视剧、动画片不适合国际延伸；缺乏大型多元化传媒集团，影响范围经济发挥；与新媒体之间提升效应有限

（续表）

企业战略	频道经营的公司化	网台矛盾 电视台行政管制严重
	广播电视制作层面竞争较有序	资金融取能力不强，“事业单位，企业化管理”
	民营企业商业化和市场化意识强烈	国有广播电视台受行政管理影响，市场化意识不强
	有与国外企业合作经验	
政府	政府鼓励频道企业化运作	在新技术发展上，政府主管机构分离
	政府对国际化的支持	设置严格的进入障碍
		事业化管理
		缺乏相关法律规范

第5章

美国广播电视产业竞争环境分析

5.1 市场环境

5.1.1 市场总体容量分析

美国广播电视市场包括所有数字和模拟电视节目的广播商。市场总收入衡量的是美国广播商在给定时期所收到的广告费、订阅费和政府补助（补助可能是 TV license，general taxation，或者是捐赠）。根据 DATAMONITOR 分析，2009 年美国广播电视市场总收入为 1266.58 亿美元，从市场总收入所占份额分析，尽管 2009 年美国市场总收入相对于 2008 年呈下降趋势，但仍占到全球市场的 39.2%，是全球第一大市场（参见图 5–1），欧洲 2009 年市场总收入为 958.75 美元，亚太市场为 730.04 亿美元。

图 5–1 2009 年世界广播电视市场价值的地区结构

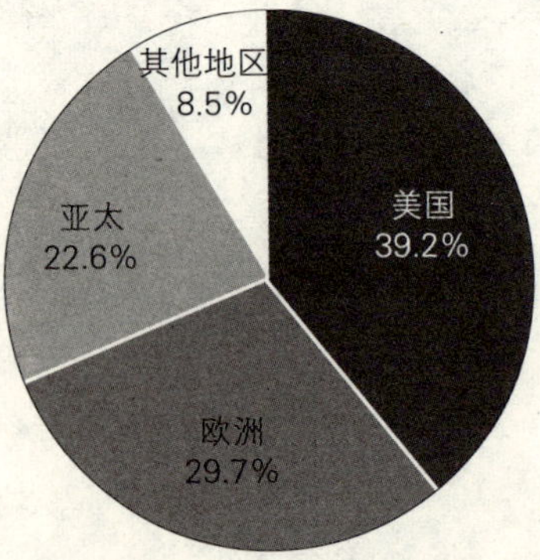

数据来源：Broadcasting and Cable Television Industry, *DATAMONITOR*, 2010-7

2005—2009 年美国广播电视市场复合增长率为 1.4%，预计未来 2009—2014 年的复合增长率为 3.1%，到 2014 年可能可以达到 1472.12 亿美元。与之相比较，欧洲市场和亚太市场 2009—2014 年间复合增长率分别为 2.9% 和 5.7%，市场总收入分别为 1108.38 亿美元和 964.7 亿美元。由此可见，美国仍为第一大市场。

5.1.2 美国产业结构作用力分析

美国广播和有限电视产业中的关键从业者为广播公司，关键客户为消费者和广告商，制作公司是关键供应商。

5.1.2.1 消费者购买实力

广播电视产业有两大类客户，一般消费者支付订阅费观赏节目，而广告商支付赞助费购买广告时间。由于观看电视价格由国家规定，所以消费者的购买实力非常弱。消费者唯一能起的作用是通过收视率显示其对产品的偏好，它们可以选择订阅或不订阅收费电视。但是，由于收费电视一般包括了体育和畅销剧集的播放权，所以很多消费者都认为有必要付费。

图 5–2 2009 年美国广播电视市场价值按收入来源的分类

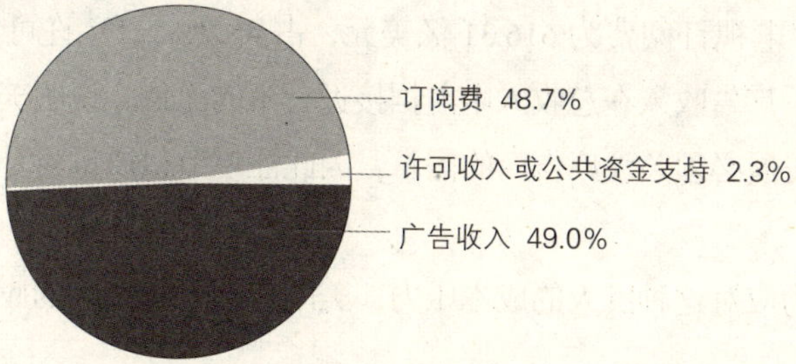

数据来源：Broadcasting and Cable Television Industry, *DATAMONITOR*, 2010-7

广告收入是广播电视公司收入的最大一部分，商界是市场最主要的购买者，而广播电视公司对广告收入有更大的依赖性，这都会提高广告商的购买实力。观众通过对可接受节目的选择来影响节目决策。他们的选择体现在收视率（观众数量）和收视人口特征（性别、年龄、收入阶层）两个方面。对于商业性电视台和电台来说，播出的节目必须引起广告上既定的目标受众的注意。

5.1.2.2 现有广播公司的竞争

众多的广播电视公司和产业低速增长均提高了现有广播公司的竞争强度。美国广播电视公司面临成本降低竞争压力。成本压力来源于三方面：

（1）不断增加的频道会导致节目内容整体需求的增加，从而使得内容供应商（如制作企业或辛迪加）可以为自己节目定一个高价。

（2）内容供应商为在竞争中胜出，会日益需要所制作的节目有一个昂贵、独一无二的形象或者去迎合知名人士。

（3）演员和导演可以在不同频道跳槽，因此，为防止人才流失，电视台必须向核心人才提供高薪待遇。

广播电视产业特殊的收入结构决定了美国广播电视公司必须提高产品质量的竞争力。以 2009 年美国广播电视市场收入总额的收入分布为例，广告收入最具吸引力，总收入为 620.5 亿美元，占整个市场价值的 49%。电视订阅费为 616.31 亿美元，占 48.7%。TV 许可和公共基金为 2.3%。广告收入在总收入中占据接近一半的比例，说明美国广播电视产业的发展必须关注广告商的需求，因此注重节目质量将是非常重要的策略。

为应对这种巨大的成本压力，美国广播电视公司的应对竞争策略包括：

（1）开发真实世界电视节目，因为其预算少且有足够吸引力吸引大量观众。

（2）电视台采取安全法则，为寻求稳定利润，降低在节目上烧钱风险，避免可能是收视失败者的风险，因此各电视台都竞相模仿彼此节目，对火爆节目进行复制。

（3）集聚策略

许多媒体企业选择集聚策略，将客户进行细分。因为竞争环境强度高，广告有效性来自于广告商目标客户的数目。所以，很多电视台努力用不同类型节目吸引不同群体观众，即观众细分，特别是有线电视一般不定位于大规模观众，而以人口统计特征明显的顾客群体为目标市场，将其销售给广告商。包括很多主题频道、儿童频道、纪录片频道、音乐频道。

（4）扩张分销体系

媒体企业均在快速扩大其分销体系。截止到 2004 年，美国已有 339 家有线网络，这些网络均提供新节目和老节目的重复播放。

5.1.2.3 内容制作商的讨价还价

美国广播电视产业节目制作的趋势为制作电视内容的成本不断提高。由于美国广播电视产业的内容制作商的特殊性，所以分成独立内容制作商和非独立内容制作商两部分加以探讨。

独立内容制作商的讨价还价实力较高，究其原因在于：对于独立内容制作商而言，其产品主要通过辛迪加市场进入到电视频道播放，而作为需求方，美国各电视台的频道数目不断增加，会导致对节目内容整体需求的增加，从而使得内容供应商不需要把特定客户看成自己最重要的客户，可以为自己节目定一个高价；此外，如果独立内容制作商提供的节目质量好，是畅销节目，则可以索取非常高的价格，从而会提高其讨价还价的实力。

对于非独立内容制作商而言，由于非独立制作商大部分都与广播发行公司有股权联系，所以供应商的讨价还价实力较低，例如前派拉蒙制作公司就是 Viacom 的一部分。

5.1.2.4 潜在竞争对手

美国广播电视产业的潜在进入者可能性很低，其原因主要体现为以下几方面：

（1）新进入者在资金上的劣势。广播电视公司的运营需要很高的启动资金，投入服务的设备造价昂贵；新进入者资金实力欠缺，因而很难雇用到熟练的员工、获得高质量的物质和供应商。

（2）新进入者很难进入到广播电视分销渠道——拥有合法的独立电视台，即频段有限而且营业制造颁布受到管制。但是当前有一定机遇，美国正在进行模拟电视向数字电视的转换，这将为数字电视释放出相关频率，它会使得更多频道通过陆地平台进行节目播放，这对新进入者而言是机会。

（3）行业的品牌优势。品牌优势在广播电视产业竞争中起非常重要作用，诸如 NBC 和 HBO 的广播电视领先厂商品牌形象好，因此在购买最受欢迎的节目播放权时拥有很强的财务实力。这对潜在新进入者构成极大威胁，因为潜在进入者缺乏足够的资金来购买畅销节目，继而收视率会很低；当前将互联网作为电视播放平台的做法非常普遍，因为这种播放能力是无限的。诸如 ABC 和 HBO 都在在线播放平台上投入大笔资金并建立了强大品牌优势。这些使得电视网购买畅销节目内容时能够维持相当高的资本支出水平，这对新进入者的成功是个很大阻力。

（4）该产业有持续的学习经济和规模经济，这些都对潜在进入者造成很大的进入壁垒。

（5）新进入者在经营上也会受到管制：新进入者必须确保遵守美国联邦通信委员会法令的管理，法令范围很广，从节目内容的提供（健康型、商业管制）到关于无线通信的内容。

潜在竞争对手对美国广播电视行业的威胁整体较弱。

5.1.2.5 替代产品

诸如电影、计算机和录像的其他娱乐形式可以看成是广播和有线电视的潜在直接替代品，它们收视率的显著上升可能会对电视产品的收视率继而对其广告收入产生明显影响。例如，在畅销节目尚未在电视播出时通过互联网合法或非法地下载产品，会对电视收视率产生影响，从而使节目在广告商中的吸引力降低。对于企业而言，电视传媒在美国仍是最主要的广告媒体，但是由于它相比互联网、收音机和游戏广告而言收费较高，所以还是面临了一定替代产品的竞争。

5.1.2.6 制播动态关系

不同于中国行政划分后的制播分离改革经营，美国商业电视台制播模式的基本特征是电视网与附属台的二级动态网状结构，电视台同时在节目辛迪加市场购买一定的节目。电视网与附属台相互依存的张力主导着整个关系，附属台就节目的制作、播出和广告销售等利益分配与电视网达成协议，电视网同意以独家播出的形式向附属台提供节目，并向附属台提供一定的补偿，电视网则可以占用节目的大约四分之三的广告时间。这样做的好处是：（1）对于广告商来说，如果电视网的广告可以覆盖全国范围，他们愿意支付比普通千人成本更高的广告价格；（2）对于附属台，减轻了电视台巨大的节目制作费用和运营压力，可以把黄金时段节省下来的制作资金投资在那些电视网不愿提供的节目上来，例如地方新闻、公共事务节目；（3）对于电视网来说，同附属电视台分享节目是创造广告收入和补贴昂贵的节目制作成本的一种方法，扩张性的网络创造了全国性的电视市场。

5.2 消费者消费行为

5.2.1 消费者休闲时间资源分配比例

消费者在电视节目消费投入的决策是时间和金钱之间的权衡。美国经济水平决定金钱不是消费者决定是否看电视的主要因素。在美国，观众收看广播电视系统的节目是不需要支付什么费用的。但是，很多人仍选择付费的方式收看有线电视节目（MTV、CNN收基本节目服务费）、首播的节目频道（HBO，按频道收费），或直播的重大体育赛事（按收看次数计费）。因此，研究消费者消费行为的一个重要内容为消费者休闲时间资源分配比例的探讨。

美国尼尔森市场调研报告对美国人的观看电视节目的方式做了以下四种分类：高清数字电视、数字录像机、互联网和移动手机。据统计，截至2010年第一季度，美国超过50%的电视家庭拥有高清数字电视，从2008年第一季度到2010年第一季度，两年内高数字电视渗透率增长189%；超过1/3的家庭有数字录像机，2008—2010年增长速度为51%，使消费者可以根据自己的时间计划来观看电视节目；63.5%的家庭具有宽带接入，高速度连接以改善在线视频质量；1/4家庭拥有具有视频功能的移动手机，年增长率达38%，这使得消费者可以移动看电视节目。美国人平均一周的时间分配比例如表5-1所示：

表5-1 2010年第一季度按人口统计特征划分的美国人平均一周电视时间的花费

	2-11岁	12-17岁	18-24岁	25-34岁	35-49岁	50-64岁	65岁以上	整体
传统电视	25:48	24:28	26:45	32:03	36:35	44:20	48:54	35:34
移动电视	1:32	1:20	1:31	3:00	2:50	2:30	1:17	2:09
电脑上互联网	0:24	0:59	2:57	5:21	6:28	5:00	2:35	3:52
互联网看视频	0:04	0:10	0:30	0:36	0:31	0:18	0:07	0:20
移动电话上观看视频的移动客户		0:18	0:10	0:07	0:03	0:01	<0:01	0:04

数据来源：Three Screen Report, Nielson Company, VOLUME 8, 1st Quarter 2010

该表清楚说明以下几点：

（1）无论对哪个年龄群体，一周花费在传统电视上的时间占显著优势，美国人最爱选择的观看电视方式是传统电视，其中超过平均时间35小时34分钟的是35岁以上的消费者群体。

（2）在移动电视上投入时间最多的是25—34岁的消费者群体，另外35—64岁的消费者群体所投入的时间也较多。

（3）在互联网看视频最多的也是25—34岁消费者群体，另外18—24岁的群体和35—49岁群体所投入的时间也比较多。

（4）消费者利用移动电话看视频所投入时间少，并以年轻人居多，主要是12—17岁和18—24岁的群体，一周平均仅有4分钟。

5.2.2 美国消费者所偏好的节目类型

根据尼尔森2011年1月份的周调查数据，对收视率排行前10名的节目类型统计如表5-2所示：

表5-2 2011年1月份不同电视网和不同观众对象周收视率排名前10位节目汇总情况

节目类型	广播电视网	有线电视网	辛迪加市场	非洲裔美国人	西班牙裔美国人
体育节目	4	7	1	4	
剧集	6	2	5	6	10
真人秀		1			
游戏智力节目			2		
娱乐节目			1		
脱口秀			1		
观众规模	12393-33350	5391-13625	5756-20367	1401-4636	4034-5331
收视率（%）	7.5-18.7	3.5-8.2	3.5-11.8		

从上文收视率的比较可得到如下启示：

（1）从受欢迎节目的观众观看总量看，广播电视网的观众群体人数最多，辛迪加市场和有线电视渠道的人数较少。

（2）从不同渠道的观众观看节目类型分析，除西班牙裔美国人外，其他渠道的观众最感兴趣的两大节目类型是体育节目和剧集，西班牙人则对西班牙式电视剧表现出显著的偏好。传统广播电视网和有线电视网的专题节目收视率低于辛迪加市场。综合看来，美国人最感兴趣的题材是体育节目、剧集、游戏智力节目、真人秀、娱乐节目和脱口秀。

5.2.3 消费者选择电视网的差异化和两极化趋势

表 5–3 消费者选择电视网络的行为统计

电视网络	TVHH UNIVERSITY（%）（在美国家庭的覆盖程度）	总观看观众份额	每周收视率（%）（网络累计观众）
广播电视网络			
CBS	95	6.3	65
NBC	95	5.9	67
ABC	97	5.1	66
PBS	99	2.0	45
FOX	93	1.9	47
WB	90	0.8	25
PAX	85	0.4	15
UPN	86	0.4	18
有线电视网络			
HBO	33	2.0	20
FOX News Channel	77	2.7	27

（续表）

Lifetime Movie	34	0.6	7
Cinemax	20	0.7	9
SHOWTIME	21	0.6	9
Turner Network Television (TNT)	81	2.3	34
Lifetime	81	1.9	28
Game Show Network	47	0.4	6
TV Land	73	1.1	16
CNN	81	2.1	35
Nickelodeon	81	1.5	25
TBS Superstation	82	2.3	39
SOAP Network	27	0.1	2
Hallmark Channel	47	0.5	9
Court TV	71	0.8	16
Home & Garden TV	75	1.0	20
USA Network	81	1.6	34
Cartoon Network	77	0.7	15
SCI-FI Channel	75	0.8	17
The Movie	19	0.2	5
ESPN	81	1.1	25
History Channel	77	1.0	23
A&E	81	1.1	26
MSNBC	73	0.9	23
Food Network	73	0.7	17
Black Entertainment TV (BET)	70	0.5	14
Toon Disney	35	0.1	3
The Learning Channel	79	1.1	30
American Movie Classics	79	0.9	25

（续表）

Disney Channel	76	0.6	18
FX	75	0.9	26
WGN Superstation	53	0.6	17
Animal Planet	76	0.7	21
Discovery	81	0.9	29
MTV	80	0.7	26
Comedy Central	77	0.6	22
CNN Headline News	78	0.7	25
Spike TV (TNN)	81	0.7	26
CNBC	79	0.4	14
Weather Channel	80	0.6	24
Speed Channel	52	0.1	6
Discovery Health	39	0.1	5
Country Music Television (CMT)	62	0.3	12
ESPN2	79	0.4	21
ABC Family	80	0.5	23
Woman's Entertainment (WE)	47	0.2	8
Bravo	65	0.3	14
Entertainment TV (E!)	75	0.5	25
Travel Channel	66	0.3	16
VH1	78	0.4	23
TV Guide Channel	53	0.3	19
National Geographic	39	0.1	5
Outdoor Life	47	0.1	5
FUSE	28	0	2
TOTAL		65	

数据来源：James G. Webster, Beneath the Veneer of Fragmentation: Television Audience Polarization in a Multichannel World, *Journal of Communication*, 2005(6):366-382

美国观众收看电视节目的行为是一种水平多样化，有一定的分散性偏好或集群性偏好特点。总观看观众份额说明了观众分化的现象。前三大电视网络的观众份额是其最接近的竞争对手两倍左右。虽然，从绝对角度看，观众花在这三大电视网上的收看时间也较低，但是整体而言，收视率是分散式的，观众有分散性偏好。根据表 5-3 进行计算，前 15 家网络的收视率份额占 40%，由于美国现有 300 多家国家网络，即前 5% 网络在收视份额占到 40% 的比例。相对于其他媒介方式，这种分布比较平均。以互联网为例，5% 的网站占有 75% 的客户浏览率（Adamic & Huberman，1999）。所以，电视观众的消费行为更加水平多样化。

美国观众的收看行为的两极化表现为：尽管每个家庭都有 100 个以上的节目，但是尼尔森的统计显示，每个美国家庭平均使用 15 个频道，在可以收看 200 个频道的家庭，平均收看的频道数目为 19 个。当然，每个家庭的 19 个收看频道目录中具体的频道构成可能不一样，这产生了频道使用的差异化行为。

表中第三列指标为网络累计观众（CUME），一周内观看该电视网节目超过 1 分钟的观众占总观众的百分比。既可以作为观众规模的衡量指标，同样可以作为两极化的衡量指标。网络累计观众的对立面为从来没有观看过该网络的观众的百分比。该表说明，三巨头电视网络公司（ABC、CBS、NBC）位于排名的顶端。一周内，平均有 2/3 的观众收看三大电视网节目。当然，这说明了有 1/3 的观众没有观看 ABC、CBS 和 NBC 的其中任何一个，即便他们花费大量时间观看电视。除了传统的主要无线电视网络公司外，其他电视网络的成年人观看数目百分比都非常低，即剩下的 59 个网络不被超过半数的观众观看。

正因为美国电视观众消费行为水平多样化和两极化，所以中国电视节目要成功进入美国主流市场扩大影响，就必须渗入到尽可能多的美国各家电视台，毫无疑问，选择知名广播电视网将是一个不错选择。

5.3 文化环境

5.3.1 中美价值观和生活方式差异

表 5-4 中国和美国收视率排名前 10 位节目类型比较

剧名（中国）	题材	剧名（美国）	题材
《老大的幸福》	情感 / 家庭 / 伦理	《盾牌》	犯罪 / 剧情
《乡村爱情故事》	生活喜剧	《美眉神探》	剧情 / 犯罪 / 悬念
《为了新中国前进》	军事	《法律与秩序》	剧情 / 犯罪
《神探狄仁杰前传》	古装 / 悬疑	《吉尔摩女孩》	喜剧 / 伦理
《西游记》	经典名著改编	《雪山镇》	剧情 / 家庭
《憨媳当家》	生活 / 家庭	《迷失》	剧情 / 冒险
《钻石豪门》	家庭	《太空堡垒卡拉狄加》	剧情 / 科幻
《北方有佳人》	伦理	《犯罪现场》	剧情 / 犯罪
《家有公婆》	家庭	《黑道家族》	剧情 / 黑帮
《老公万岁》	爱情	《24 小时》	剧情 / 动作

美国10大电视题材为犯罪4个、黑帮1个、动作1个、伦理1个、家庭1个、冒险1个、科幻1个，而中国比较受欢迎的题材主要为家庭、伦理和古装剧。该表在一定程度上说明中美观众对电视剧题材审美观念不同。进一步挖掘，这反映了中美价值观和生活方式的差异。具体分析如下：

中国作为四大文明古国之一，在很长一段时间一直是农业大国，所以农业对中国的文化有巨大的影响，古代中国人聚集在一起耕作、养殖，他们更崇尚集体主义，同时因为很少迁徙，过着稳定的家庭生活。所以，中国的文化建立在农业家族制度之上，是以“家”为基础，以家长为中心。因而，中国人谈到自我往往包含了家庭、集体甚至是国家。从历史角度看，西周时中国就建立了统一的国家，同时产生了最初的集体观“普天之下，莫非王土，率土之滨，莫非王臣”。西汉文化强调道德规范的自觉能力，人的价值通过“日三省吾身”来表现，从而形成了中国人的内敛性格。儒家同时认为：“君臣也，父子也，夫妇也，兄弟也，朋友也，五者天下之道也。”孔子说“君君，臣臣，父父，子子”，主张“三纲五常”，详细地规范着人们日常的行为举止、等级观念。在中国儒家思想中，社会是个等级差序格局，“三纲五常”是这个格局的行为准则。所以中国人形成了特有的文化价值观，这一切具体表现为中国人比较注重群体合作、个人谦虚，认为个人是集体的一分子，注重社会和谐，认为个体的存在必须服从于整体的和谐与完整，崇尚与人为善、礼尚往来的价值观，并尊重传统。很深的家庭观念和悠久的历史使得中国观众素来对家庭剧、历史剧和名著题材非常感兴趣。

美国是个历史较短的国家，美国的文化来自古希腊罗马文化。古希腊罗马经过漫长的发展，民族的迁移，血缘关系日益松散，在欧洲社会很早出现了人际间的契约关系。基督教产生后，宗教的思想又深刻地影响着人们。宗教的教义鼓励和要求人们重视自我，强调个人创业和企业家精神。所以单纯的个人才是美国人价值观的出发点。美洲大陆最早的居民是印第安人。美洲大陆被发现后，来自欧洲不同国家的移民蜂拥而至。大家都是一无所有地来到新的大陆，只要用自己的双手努力工作，就可以从一无所有成为百万富翁，甚至总统，实现“美国梦”，从这个意义上说人人平等。所以，美国人的门第观念、等级观念并不是区分人们社会地位高低的标志。美国独立后自由平等的观念更深入人心。美国文化和价值观不仅仅是传承了英格兰和欧洲的文化，大多数移民在他们本国都经历了不愉快，他们想尝试新的主张和改革，虽然，他们不可能完全独立于旧传统之上，但是艰苦的生活条件迫使他们放弃许多他们所期望在欧洲得到的东西和传统。美国人信奉“有用即真理”，具有务实的精神，在逆境中不气馁，坚信社会的发展依靠竞争来作为推动力，强调个人的独立性、创新、冒险和孜孜以求的追求，也使得他们的性格变得外向，偏好重人物和个人主义的电视剧题材。所以美国最受欢迎的电视剧题材往往集中于犯罪、科幻、冒险和个人魅力领域。

5.3.2 中美工作场所价值观差异

表 5–5 中国和美国关于霍夫斯泰德工作场所价值观的五尺度比较

	权利距离	个人主义	男性主义	不确定性规避	长期远景
美国	40	91	62	46	29
中国	80	20	66	32	118
世界平均值	55	43	50	64	45

图 5-3 说明，五个维度指标中，中美两国在权利距离、个人主义和长期远景上差异很大，而在不确定性规避和男性主义上距离世界平均值有同向关系。具体分析如下：

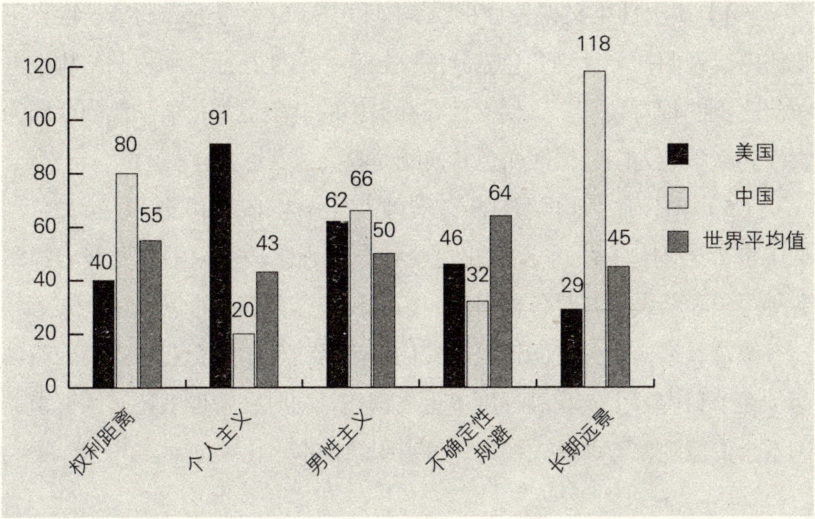

图 5–3 中国、美国和世界的五个尺度得分比较

（1）从长期远景分析，中国的长期远景指标是最高分（118 分），这意味着中国文化有很强的时间观和坚韧的工作作风。长期远景分是美国五个维度中得分最低的，29 分远低于平均值 45 分，它反映出美国人对传统文化的坚持和信念 。

（2）在个人主义维度，中国得 20 分，低于世界平均值 43，中国是个很强的以集体主义为导向的国家。较低的个人主义维度得分反映出在中国群体成员间紧密和有承诺的关系。员工之间忠诚度高，社会培养出一种很强的责任感。美国的个人主义维度得分最高，高个人主义得分意味着美国社会人与人之间关系松散，人们之间自我依赖。

（3）从权利距离维度分析，中国权利距离得分为 80，远高于世界平均得分 55。权利距离上，美国得分为 40，低于世界平均水平 55。权利距离指标反映的是社会水平（包括政府组织甚至家庭）之间有较高的平等，强化了权利水平之间的合作性交互，并创造了更加稳定的文化环境。

（4）从男性主义得分分析，美国和中国得分接近，均高于世界平均值。这说明社会性别角色差异度比较高，男性在社会和权利结构上占统治比例的相对较高。这使女性在社会中的竞争更加自信和激烈，因为女性为竞争会力图朝男性角色转换既而脱离了女性角色。

（5）从不确定性规避分析，美国人得分为 46，中国得分为 32，均低于世界平均分 64。它反映出这个社会规则比较少，不需要努力控制各种产出和结果，并对各种主义、想法和信念有很大的包容度。

综合看来，中美之间较大的文化距离将迫使中国企业进入美国市场必须在节目内容上实现高程度本土化创作，同时在管理上还必须尊重美国本土价值观，管理模式和人才等组织结构本土化难度大。

5.4 政府管制环境

一般而言，政府对广播电视的管理主要体现为三方面的合理性：技术需要、反托拉斯经济竞争和电视的社会影响力。技术需要体现为，因为频谱资源有限，广播电视技术要求精心管理，以减少电视台之间的信号干扰，并要求采用普遍使用的标准以推动对广播电视系统的投资，所以需要联邦通信委员会限制使用每个频道的电视台的数量和功率，以避免相互干扰。

5.4.1 管理机构特点

美国广播电视产业发展所牵涉的管理机构包括联邦通信委员、司法部、联邦贸易委员会、国家电信和信息管理局。其中，司法部大力推行反托拉斯法，联邦贸易委员会管理控制广告。国家电信和信息管理局立场的政策有利于推动平行兼并（不同类型媒体所有权）和垂直兼并（生产和发行环节的单一所有权）。而管制实体为联邦通信委员会。

联邦通信委员会是一个独立的美国联邦政府机构，由美国国会法令授权创立，在国会宏观指导的前提下制定各种具体的政策。作为一个根据联邦法律——1934 年传播法创立的独立的管理委员会，独立管理机构的设立体现出联邦政府对无线电波之类有关公共健康、安全以及公共财产使用的资源的管理，必须顾及大众福利。

自 1934 年后，联邦通信委员会取代了原先的联邦无线电委员会，并负责归口管理所有的非联邦政府机构的无线电频谱使用（包括无线电和电视广播）、美国国内州际通信（包括固定电话网、卫星通信和有线通信）和所有从美国发起或在美国终结的国际通信。同时，联邦通信委员会也是影响美国通信政策的一个重要因素。

从机构设立分析，联邦通信委员会对广播电视产业的具体管理是通过其下属机构媒体处实施的。媒体处（Media Bureau）发展、推荐并管理电子媒体的政策和执照。这些媒体包括美国本土的有线电视、无线电视和无线电广播。媒体处也负责直播卫星颁发执照之后的相关问题。

5.4.2 市场准入管理

在美国，反托拉斯经济竞争需要政府管理平衡电视产业不同竞争主体的利益。联邦通信委员会的一个职责为，限制公司所拥有的电视台数量来促进竞争。联邦通信委员会被授权可以给商业性和非赢利性电台、电视台更新经营许可证。联邦通信委员会的权力最清晰地反映在广播电视许可证的申请受理和审批过程中。美国电台、电视台必须通过联邦通信委员会的授权许可才能播出节目。

媒体处设立听觉分部，负责颁发商业和非商业教育 AM、FM、FM Translator 和 FM booster radio service 的执照以及非商业教育低功率 FM 广播服务执照。

媒体处设立视觉分部，负责颁发商业和非商业教育电视、低功率电视、A 级电视的执照。

（1）对高频和超高频电视服务的许可管理

视觉分部对商业和非商业高频电视台和超高频电视台颁发执照和进行管理。执照颁发和管理均执行《联邦通信法案（1934）》。联邦通信委员会不对电视网颁布许可。视觉分部负责审查电视台建设许可、执照更新、许可权转让或电视台受让人控制权的转让。

如果有新电视台申请许可，则申请者先获得建设许可，在3年内建立电视台，然后再进行许可证申请。当审查所建立的电视台满足建设许可的技术和其他条件后，可以发放许可证。一旦被授予许可证，电视台每8年还需再申请一次许可证的更新。申请许可证更新的条件为电视台必须证明在前一个8年许可期限内服务于公众利益，未做出任何违背通信法的行为。

（2）对低频电视服务的许可管理

美国联邦通信委员会媒体处有专门的低功率电视分支，联邦通信委员会1982年设立了低功率电视服务，它主要是为小社区提供地区为导向的电视服务。LPTV是一种可以迎合特定区域消费者需求偏好的资金投入较少和较灵活的播送节目的方式。

不同于中国，美国对LPTV管理非常放松，任何实体可以拥有的电视台数量无限制。当前广播执照持有者、有线运营者和报业都可以运用。所有LPTV电视台可以在VHF或UHF上选择任意频道。FCC不为LPTV服务分配频道。申请者自行选择频道和在给定时间申请。同时对运营主体也无严格限制，联邦通信管理委员会认为低功率电视运营主体和机构可以多样化，可以是高等学校、大学、宗教组织、当地政府、大企业、小企业和个体公民。

LPTV发展的弊端在于：联邦通信委员会要求低功率电视在优先权上低于全服务电视台，因此在干扰产生时，必须让位于全服务电视台。

（3）对超高频电视服务的许可管理

另外，值得注意的是，美国联邦通信委员会为教育电视台保留了大约11%的频谱配额，将教育作为公共电视。若申请发展教育电视，必须向FCC申请频谱配额。所以，从市场准入看，超高频电视服务进入有困难。

5.4.3 对内容限制

鉴于电视具有显而易见的社会影响作用，所以政府尝试采用强制或建议来对节目制作内容施加一定管理。

（1）低功率电视服务的内容限制

LPTV 在节目内容上受到的管制最小，对于非娱乐节目或本地节目没有规定数量，对商业节目无限制，对最小运营时间无限制。但是，不健康内容播放有时间段限制。同时其运营方式和节目种类也可以多样化，可以通过卫星传送节目、辛迪加节目、电影和当地自制节目等多种方式，将节目编排和播放安排迎合特定观众。

（2）儿童教育电视的内容限制（定位于 16 岁以下儿童）

美国联邦通信管理委员会非常注重对儿童教育节目的内容管理。依照儿童电视法案 47 C.F.R. Section 73.671（a），任何广播电视台经营者都有义务通过全部节目或指定节目来服务于儿童的教育和信息需求。提供儿童教育电视节目的电视台需要填写表格，由 FCC 识别商业电视台可以播放的满足儿童教育和信息需求的节目。

教育和信息电视节目在 47 C.F.R. Section 73.671（c）中定义为提供 16 岁以下儿童的信息和教育需求的节目，包括儿童智力和社会情绪需求。根据 47 C.F.R. 要求，商业电视台必须每季度填写该表格一次。核心节目还有一系列特殊标准：播放时间上早上 7:00 到晚上 10:00 的节目是按周编排的定期播出；时长至少 30 分钟；教育节目的指导性目的，即指明适合儿童年龄。而这些核心节目的特殊标准都必须在表格中进行披露。

（3）英语节目

美国联邦通信委员会对英语节目的规定为，自 2006 年 1 月 1 日起，所有自 1998 年 1 月 1 日起播放的模拟节目和自 2002 年 7 月 1 日起播放的数字节目都必须配有字幕。截止到 2008 年 1 月 1 日，美国 75% 的英语节目均配有字幕。

（4）节目技术格式

从技术管理的角度，联邦通信委员会自20世纪90年代起就已制订了发展高清晰数字电视（HDTV）系统的长期计划，电视台被分配一个额外的频道播放数字电视节目。2009年2月，所有全服务（all full-power）电视台都要求停止模拟广播和进行数字广播。这就是所谓的“DTV过渡”。因为数字电视比模拟电视更加有效率，节省下来的频谱资源可以被用来提供更加重要的新服务(包括增加公共安全通信:警察、消防、急救)，还有部分节省的频谱资源可以用来使用无线宽带。

5.4.4 对所有权限制

（1）对外国所有权限制

美国所有无线和电视广播需要从FCC获得许可。1934年联邦通信法案禁止将这种许可给予或转让给任何外国政府或机构、外国个人、实体或20%股份被外国个人控制的美国企业。1996年联邦通信法案在一定程度上放宽了这一规定，指出不能因为企业或合作方拥有外国官员或经理人而对其拒绝颁发许可。但是，值得注意的两点为：第一，美国通信法案不允许FCC将无线许可证发给外国政府；第二，现有美国联邦通信法案仍旧禁止将包括广播电视在内的许可颁给发给外国个人或企业，以及20%以上的股份由外国个体、企业或政府拥有的美国企业。

FCC有权力在公共利益标准下审查电信运营商之间的并购，当外国企业向FCC申请提供美国国际电信服务或取得美国国内或国际通信服务的现有提供商的控制权时，FCC都会寻求US Executive Branch Agencies关于国家安全、法律效力、外国政策和贸易政策相关执行机构的建议。在这种情况下外国所有权问题是考虑的重要因素。国家公共服务委员会也有权力控制管理州内部的电信并购、金融交易。这种管制权力机构会通过市场进入认证程序或被许可的电信公司控制权变动的报告要求影响外国投资者。

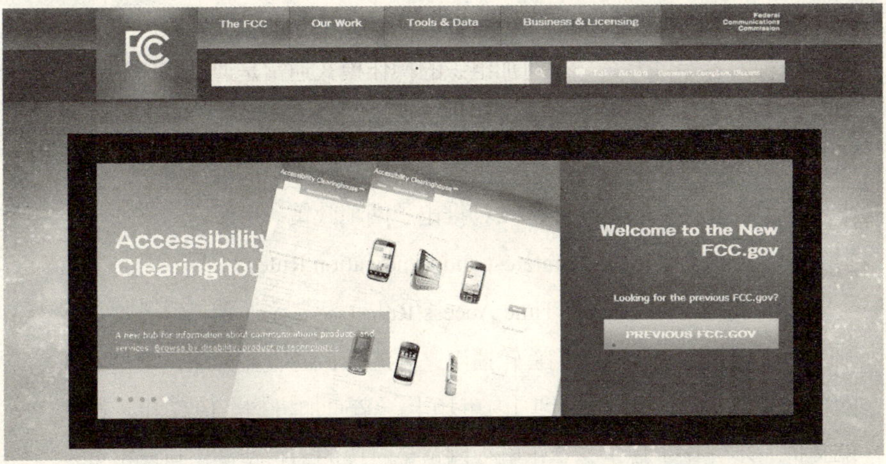

（2）对本国所有权的限制

1996 年电信法改革前，FCC 规定，个人、公司或者集团公司所拥有的电视台只能覆盖不超过 25% 以上的美国家庭，1996 年电信法改革后，上限值由 25% 提高到 35%。此项改革的意义在于，电视网可以通过直接购买足够多的电视台，扩大美国家庭覆盖率。大型集团的老板谋求扩大电视台所有权，小型电视网也拥有了控制更多电视台的机会，直接促进了美国电视网规模经济的扩大。

另外，过去美国 FCC 禁止广播电视网进入有线电视系统，但现已废除了广播电视网对有线电视系统所有权的限制，拆除了阻碍电信公司进入电视产业市场与有线电视系统展开竞争的壁垒。所以，2011 年 COMCAST 收购 NBC 成为一个最大的受益者。

5.4.5 节目辛迪加制度框架

针对美国传统广播电视网既具有制作能力和丰富的节目资源，又具有丰富的频道资源，美国政府担心其竞争和创新动力不足；而小的独立电视台由于节目资源有限，美国政府担心其竞争能力不足，所以政府扶持由FCC完成了节目辛迪加的制度框架。节目辛迪加则是广播电视领域的一种内容专供方案。辛迪加组织的操作模式通常是通过购买和销售内容产品的发表/播出权进行商品利润开发，它降低了节目创新的经济风险，增加了节目赢利的途径，保证了电视节目创作者的利益。

为了实现这一制度设计，FCC推出了两项政策。一个是“辛迪加—财务收益规则”（Financial Interest and Syndication Rules），另一个是“黄金时段准入规则”（Prime Time Access Rule）。“辛迪加—财务收益规则”禁止电视网参与除他们首轮播出之外的节目的收益分配，禁止电视网参与建立内部（尤其是在国内市场上）辛迪加机构。1977年，司法部又进一步强化了规定，禁止电视网黄金时段的节目全部由自己提供。FCC制订这项政策的意图在于打破三大电视网的市场垄断和提高节目的多样化水平。该政策的理由是：电视机构的垂直整合已经非常不公平地增加了电视网的势力。通过取消其对电视节目的长期收益权和严格限制他们对辛迪加的参与，FCC不断消除电视网制作节目的动机，做到制播分离。“黄金时段准入规则”要求商业电视网允许其附属台自主安排晚间7点至8点的节目。这项规定使得轻度娱乐性节目，尤其是游戏竞赛类节目和杂志型娱乐节目大获成功。而这类节目正是早期辛迪加经营的主要节目类型。该规则要求，前50名市场中的电视网附属台星期一至星期六之间每天播出电视网节目的时间限制在3小时以内。FCC意图限制电视网对电视最佳收看时段的控制，以期引入多样化的节目，鼓励新的节目制作者和发行商进入电视产业。

5.5 小结

根据前文分析，研究将美国政策环境的威胁和机会及对应的商业含义整理为下表。

表 5-6 美国政策环境的威胁和机会小结

	威胁	机会	商业含义
一、市场潜力		美国仍是全球第一大市场，2009—2014年的复合增长率为3.1%，到2014年可能可以达到1472.12亿美元	美国市场应该是中国广播电视产业具有战略意义的市场
二、行业结构作用力	消费者转换成本高		提高收视率
	现有广播电视网竞争程度较高	新兴电视网采取集聚策略，传统电视网也有采取集聚策略的趋势	中国企业在美的本土化也应该是集聚定位
		新进入者威胁不大	中国企业完全作为独立新进入者进入，在美国市场影响力不够
		制播动态关系	利用美国广播电视网制播动态关系
三、非正式制度环境			
消费者行为		多样化和两极化趋势明显，主流广播电视网在当地覆盖和影响力大	本土化实施最好依存美国主流广播电视网
语言差距	与美国主流人群语言差距大	与美籍华人语言差距小	内容适应美籍华人较简单
消费者对电视剧偏好	美国主流人群喜欢的电视剧题材与中国主流人群喜欢的电视剧题材相差很大，中国越来越多的年轻人喜欢看美剧，这也反映了美国文化的强势影响		内容适应美国主流人群比较难
霍夫斯泰德工作场所价值观	四个尺度得分相差很大		组织结构和人员管理本土化难

（续表）

四、政府管制环境（正式制度环境）			
市场准入	1. 限制公司所拥有的电视台数量来促进竞争 2. 广播电视经营执照时间长，3 年建设 + 执照许可		外来企业的播送一体化进入所耗时间长
对外国所有权的限制	执照颁布对象有国籍要求：公司中非美国公民所拥有的股权不超过 20%		100% 中资企业无法进入，股权合作可能性较低，若进入只能较小股权进入，不利于中方企业对美国经营活动的控制
	不对电视网颁布许可		赢得美国本土电视网支持
节目内容限制	英语节目必须数字电视		针对美国市场的英文节目强制性改造为数字信号
	儿童和教育电视需要由 FCC 分配频谱配额和关于内容严格的公布		中国企业无法独立进入儿童和教育电视
		LPTV，不分配频道，节目不受限制，可能进入的可能性很大	
技术标准	2009 年 6 月 12 日，全国全服务电视台都是采用数字格式传送信号		与美国主流广播电视网合作，信号必须采用数字格式
全国市场所有权限制		广播电视网可以与有线电视网互相跨业经营	大型电视网的合作关系获得很关键
	大型电视网可以不断谋求更多的电视台数目，覆盖率可以提到 35%		大型电视网的合作关系获得很关键
辛迪加		辛迪加—财务收益规则和黄金时段准入规则禁止电视网黄金时段的节目全部由自己提供；辛迪加增加了节目收益能力	创造出质量好的节目能够在美国获得较好的收益能力

第6章

中美广播电视企业资源能力比较

6.1 频道进入资源的比较　6.2 内容产品资源比较　6.3 股权为基础的资源

6.4 企业财务资源实力　6.5 多功能经验　6.6 观众资源知识

6.7 新技术经验　6.8 国际经验　6.9 小结

第 3 章分析了广播电视企业资源能力对本土化战略选择的影响作用。根据不同类别的资源，借鉴国外研究，本着数据可获得性的考虑，选取了若干资源能力种类，对中美广播电视企业资源能力展开比较。美国广播电视企业的选取原则为美国实力最强的六大广播电视网。由于目前进入美国市场的长城平台是当前以中国国籍进入外国市场的主要平台，所以中国广播电视企业选取平台内的中央电视台、北京电视台、上海东方电视台、江苏电视台国际频道、湖南卫视、浙江电视台国际频道 6 个有代表性的电视台，并对蓝海电视也展开一定分析。

6.1 频道进入资源的比较

频道进入资源是企业在外国广播电视网络竞争的核心资源，丰富的频道进入资源意味着企业具有较大的资源投入能力、可以较好地发挥规模经济降低成本，并且与目标国消费者更加贴近。

6.1.1 美国

在美国，频道进入资源的测量通过附属电视台数目、企业直接拥有和运营的电视台数目及电视网实际拥有并直接经营的电视台的观众收视率三方面指标反映。附属电视台与广播电视网直接拥有和运营的电视台不同之处在于，附属电视台的股权不属于与它签订了附属协议的广播电视网络，附属电视台与广播电视网络之间尽管股权上没有关联关系，但是仍通过协议签订承载这家电视网的节目。而广播电视网直接拥有和运营的电视台与其所在电视网络之间有非常重要的股权关联关系。频道进入资源的不可模仿性是基于法律契约的保护，与广播电视网签订附属协议的电视台数目越多，所拥有并直接经营的电视台数目越多，电视台的收视率越高，该广播电视网的播送实力就越强大。

美国广播电视网的频道进入资源比较见表 6-1 和表 6-2。

表 6-1 美国主要广播电视网的附属电视台合约数目

	ABC	CBS	NBC	FOX	UPN	WB
附属电视台合约						
1986	215（1）	212（2）	200（3）	98（4）	N/A	N/A
1991	230（1）	207（2）	205（3）	138（4）	N/A	N/A
1996	223（1）	200（3）	200（3）	211（2）	152（5）	98（6）
2001	226（1）	200（3）	220（2）	197（5）	200（3）	98（6）

资料来源：Daphne Eilein Landers and Sylvia Chan-Olmsted, Assessing the Changing Network TV Market: A Resource-Based Analysis of Broadcast Television Networks, *Journal of Media Business Studies*, 2004.1(1): 1-26

从广播电视网制作节目的附属电视台数目扩张角度分析，四个不同时间段附属公司数目相对稳定，前三大网络变化不大。但是，自 1996 年美国电信法变革允许个人、公司或者集团所拥有的电视台可以覆盖不超过 35% 以上的美国家庭时，FOX、UPN 等新兴电视网络也开始注重加盟电视台的扩张。目前，在美国广播电视市场，五个主流电视网络的附属电视台数目都达到 200 左右。美国 1161 家商业电视台中 1121 家是五大电视网的附属电视台。

表 6-2 美国主要广播电视网股权拥有并运营的电视台数目

	ABC	CBS	NBC	FOX	UPN	WB
股权拥有并运营的电视台数目						
1986	8（1）	4（4）	5（3）	6（2）	N/A	N/A
1991	8（1）	7（2）	6（4）	7（2）	N/A	N/A
1996	10（5）	14（2）	11（3）	22b（1）	11（3）	0（6）
2001	10（5）	20（2）	13（4）	33c（1）	19（3）	0（6）
市场范围（%）						
1986	24.3（1）	19.0（3）	21.0（2）	18.0（4）	N/A	N/A
1991	23.8（1）	22.2（4）	23.0（2）	23.0（2）	N/A	N/A
1996	24.0（4）	33.0（2）	25.0（3）	34.8（1）	19.0（5）	N/A
2001	24.0（5）	39.0d（2）	30.0（4）	41.0（1）	39.0（2）	N/A
电视网节目覆盖率（%）						
	97	95	95	93	·86	90

资料来源：Daphne Eilein Landers and Sylvia Chan-Olmsted, Assessing the Changing Network TV Market: A Resource-Based Analysis of Broadcast Television Networks, *Journal of Media Business Studies*, 2004.1(1): 1-26

该表显示出，广播电视网都在不断增加其所拥有的电视台数目，特别是基于前 50 名指定市场区域（Designated Market Areas）的电视台股权的扩张。同样是从 1996 年美国电信法改革起，五大主流电视网均开始了大规模的并购扩张活动。1996 年前的领先者是 ABC，自 1996 年后，CBS 和 FOX 成为了前两位。市场覆盖作为一种体现电视台所有权和电视台总共达到的范围的资源能力，呈现出与电视网所拥有和经营电视台数目扩张相似的变动轨迹，其中 CBS 和 FOX 的覆盖资源能力最强。

截止到 2011 年 2 月 11 日，CBS 独立拥有的电视台有 29 个，29 个电视台都是通过获得联邦通信委员会的许可执照开始经营。电视台定位于 8 个美国最大的市场和 20 个一级市场中的 15 个，在 9 个主要市场的同一指定市场区域拥有多个电视频道。多个电视频道地区包括：洛杉矶（2 个）、费城（4 个）、达拉斯（5 个）、圣弗朗西斯科—奥克兰—圣何塞（6 个）、波士顿（11 个）、底特律（11 个）、迈阿密（16 个）和匹兹堡（24 个）。多组电视台有利于 CBS 在美国各类地理市场内部和之间扩大观众收视率。电视台制作新闻、公共事务、体育和其他节目以服务当地市场，同时还播放 CBS、CW 或辛迪加市场节目。

综合看来，当前，美国主流广播电视网通过 200—300 家的以股权为纽带或以契约为纽带的电视台，在全国各个地区都会有播出其自己节目的电视台，每天电视网的主要节目在各个电视台都是同一时间播出的，本电视网节目通过各个不同地区电视台在不同地区播放，电视网所拥有的电视节目获得了全国的覆盖。附属台节目的来源包括电视网提供的用于黄金时间播放的节目；白天电视网没有提供节目的间隙，附属台可以通过辛迪加组织购买节目或委托当地节目制作公司制作。由此可见，美国广播电视网通过附属电视台和直接所拥有的电视台数目扩张，不仅提高了其在播送环节的市场垄断性，而且平均 200 多家电视台对其制作节目的播送，也在很大程度上扩大了制作环节的规模经济，直接提高了主流广播电视网的制作竞争力。所以从频道进入资源分析，美国广播电视网在制作环节和播送环节上竞争力强大。

6.1.2 中国

中国没有美国对应的广播电视网，广播电视发展主体基本是按行政区域划分，所以在本部分选取代表性电视台进行比较。

表 6-3 中国代表性电视台的频道进入资源

	中央电视台	湖南广电总台	上海广播电视台	北京电视台	浙江广电集团	江苏广电总台	蓝海电视
直接所有的频道							
频道数目	36	15	14	14	11	14	0
全国覆盖（含数字电视付费）	29	3（含金鹰卡通）	3（含第一财经收费）	2（含卡酷卡通）	1(留学世界、电子购物）	1	0
美国市场频道资源	9	1	1	1	1	1	0
本地特有频道		12	13	11	10		0
数字付费					4		0
节目人口覆盖率	95.9%						0
协议合作频道							
频道数目	0	0	0	0	0	0	3
美国市场频道资源	0	0	0	0	0	0	3

中国和美国关于频道进入资源对比说明：

（1）中国各电视台进入美国市场均利用长城平台，长城平台内含9个中央电视台直属频道，湖南、北京、浙江、江苏、上海各有1个国际频道也包含在长城平台内，与美国本土广播电视网络相比，中国在美国市场可利用的频道进入资源非常有限，分销资源能力弱，倘若中国广播电视产业要进一步扩大在美国主流市场的进入和渗透，当前较弱的分销资源实力不适合最高程度分销本土化类型。

（2）表 6-3 中中国各电视台覆盖在全国范围内的频道最多不超过3个，在美国的频道进入资源为1个，远远低于美国广播电视网绝对水平，这使得中国各电视台在发行环节的规模经济效应上远低于美国广播电视网，会降低国内总台资源承诺水平，从而会削弱国内各省级电视台在高程度内容本土化创作中投入的积极性。

（3）民营企业蓝海电视无直接拥有电视频道，但在美国市场有3个合作频道，频道资源相对于中国省级电视台更为丰富。但是，由于蓝海电视在国内没有经营频道产生的广告收入作为资金后盾，所以其发行环节规模经济只能完全依靠全球运营覆盖率，竞争更为艰难。

6.2 内容产品资源比较

6.2.1 美国

内容产品产权资源能力比较可以从数量和质量两方面展开。

内容产品产权数量反映广播电视网播放节目中自己拥有独立产权产品数量，它通过数目多少体现出其制作资源能力大小，在美国广播电视网研究中，本书采用黄金时间自主产权的节目数目来进行衡量，具体结果参见表6–4。该表显示，前三位广播电视网和后三位广播电视网在黄金时段自主产权节目数目上差别不大，其中CBS和FOX拥有自主产权节目数目最多。

表6–4 不同广播电视网黄金时段节目数目比较

时间	ABC	CBS	NBC	FOX	UPN	WB
内容产品产权——黄金时段节目数目						
	1995	2000	2003			
背后支持	迪斯尼	派拉蒙	环球	FOX	华纳兄弟	华纳兄弟
1986	4（2）	2（4）	5（1）	3（3）	N/A	N/A
1991	8（2）	5（4）	6（3）	10（1）	N/A	N/A
1996	16（2）	11（4）	9（5）	9（5）	16（2）	25（1）
2001	19（4）	32e（1）	14（6）	31（3）	32（1）	15（5）

资料来源：Daphne Eilein Landers and Sylvia Chan-Olmsted, Assessing the Changing Network TV Market: A Resource-Based Analysis of Broadcast Television Networks, *Journal of Media Business Studies*, 2004.1(1): 1-26

表 6–5 各广播电视网络所拥有的收视率排名前 10 位的节目

时间	ABC	CBS	NBC	FOX	UPN	WB
1986	2·星期一晚间足球 ·本职	1· 60 分钟	2·天堂之路 ·科斯比秀	1·LA 法律	N/A	N/A
1991	5·美国最搞笑的家庭录像 ·美国的风趣的人 ·星期一晚间足球 ·家庭事务 ·20 / 20	3·60 分钟 ·晚间 ·48 小时	3·新鲜王子妙事多 ·科斯比秀 ·一个不同的世界	1·LA 法律	N/A	N/A
1996	5·星期一晚间足球 ·家庭发展 ·艾伦 ·黄金生活 ·20 / 20	4·60 分钟 ·感动天使 ·卡洛琳在这座城市里 ·德州骑警沃克	3·周二报道美国国家广播公司 ·周五报道美国国家广播公司 ·卡洛琳在这座城市里	3·X 电影 ·芝加哥希望 ·纽约重案组	1·欢乐一家亲	6·德鲁·凯里秀 ·朋友 ·单身汉 ·桑菲尔德 ·苏珊 ·呃
2001	2·星期一晚间足球 ·CSI 犯罪现场	7·60 分钟 ·后中之王 ·贝克尔 ·捷豹 ·艾米律师 ·欢乐一家亲 ·CSI 犯罪现场	4· Inside Schwartz ·捷豹 ·威尔和格蕾丝 ·遇见乔丹	6·实践 ·辛普森的一家 ·马尔科姆在中间 ·是的，亲爱的 ·艾米律师 · Inside Schwartz	7·60 分钟 ·王对后中之王 ·贝克尔 ·捷豹 ·艾米律师 ·欢乐一家亲 ·CSI 犯罪现场	4·人人都爱雷蒙德 ·西翼 ·朋友 ·呃
2011 年 1 月	2·DESPERATE HOUSEWIWVES ·Grey's antanomy	6·Mentalist ·Two and a half men ·CSI ·BIG GANG THEORY ·MIKE & MOLLY ·LIVE TO DANCE SPECIAL	2·国家足球 ·LAW AND ORDER	2·FOX NFC WILDCARD POST GME SIMPSONS ·FAMILY GUY		

注：2011 年数据来源于尼尔森公司，包括美国家庭收视率排名前 10 位节目。

内容产品质量从质量角度反映广播电视网制作资源能力强弱。研究用收视率前30位的网络电视节目被网络或者网络下属的制片公司所有的数目来衡量美国广播电视网内容产品质量。数据显示，1986—2001年15年间，除ABC外其他电视网络都在不断增加有价值内容资源的开发。而ABC尽管积极通过并购获得内容产权，但从2001年起在排名前30位内容产品上不再领先。新兴广播电视网借助于其控股股东实力在内容产权质量上的资源能力日益提高。整体而言，CBS和FOX具有领先地位。而2011年1月份的排名前10位节目统计，再次证明CBS的领先地位。

6.2.2 中国

本部分着重探讨中国主要广播电视企业节目内容质量，同时研究关注中国当前内容产权资源质量在美国市场的适应性。

（1）自制节目数量

目前各电视台自制节目数量和比例如下：

◎ 北京电视台：现有13个频道，其中自制节目约占总播出时间的22%。年制作、播出大型晚会和特别节目100多个，制作和播出专题片300多部集。18:00—24:00时间段共有8个节目，其中5个节目为自制。

◎ 上海广播电视台：黄金时段自制新闻、综艺节目的播出时间比重达55%。综艺节目收视率在全国达到了第三位。自制节目的共同点是真实。18:00—24:00时间段共有6个节目，其中4个节目均为自制。

◎ 江苏卫视：18:00—24:00时间段共有6个节目，其中3个节目为自制。

◎ 浙江卫视：18:00—24:00时间段共有6个节目，除新闻联播和电视剧外，其余4个节目均为自制。

◎ 湖南卫视：18:00—24:00时间段共有6个节目，除新闻联播和电视剧外，其余4个节目均为自制。

◎ 蓝海电视：18:00—24:00时间段所有节目自制。

（2）获奖的内容产权节目

中央电视台和各省级电视台均不断进行自制节目创新努力，以提高内容产权节目质量。

十大创新创优节目中，中央、北京、江苏、湖南和浙江共占8席，反映出这几个电视台节目创新能力。但同时从题材内容看，10个创新节目的题材大部分不符合美国消费者观赏偏好。例如，《唱读讲传》专门服务于中国观众的革命文化；《万家灯火》探讨健康教育，但中国健

表6-6 2010年广播电影电视总局批准的创新创优栏目列表

栏目	电视台	题材
《我的这五年》	中央电视台新闻频道	故事化的叙事手法，反映中国经济社会的进步
《星光大道》	中央电视台综艺频道	平民百姓的综艺节目
《生活567》	中央电视台军事农业频道	纪实农村发展情况，形成了以“公益慈善”为核心的节目创制取向，弘扬了中华民族的传统美德
《大家看法——我建议》	中央电视台社会与法频道	邀请两会代表参与的一档大型演播室谈话类节目
《档案》	北京电视台	历史档案类栏目
《万家灯火》	江苏广播电视台城市频道	与中国健康教育中心合作创办的一档健康教育节目
《江南》	浙江卫视	以浙江浓厚文化底蕴、丰富文化资源为依托的人文类讲座节目
《天天向上》	湖南卫视	中华礼仪脱口秀综艺栏目
《唱读讲传》	重庆卫视	红色文化
《成长不烦恼》	中国教育电视台	反映家庭教育与代际沟通问题

康教育产业尚不具有国际竞争力，所以在国外受欢迎度不够；又由于中西方家庭教育观念和体制差别，《成长不烦恼》在国外也很难得到消费者认可；《星光大道》作为平民选秀节目，节目构架和理念也是来自于西方众多选秀节目，所以也很难在国外消费者处得到认可。据此分析，创新创优节目在国外观众得到认可的不多。

在2010年总局表扬的节目中，中央电视台下属频道和东方卫视制作节目占据4席，且节目内容均反映社会时事、财经、文化、历史，这些题材将较容易使外国观众感兴趣。

表6-7 2010年度总局表扬的优秀栏目情况简介

栏目	电视台	题材
《国宝档案》	中央电视台中文国际频道	文物历史纪录片
《探索·发现》	中央电视台科教频道	大型人文历史与自然地理类纪录片
《对手》	中央电视台财经频道	一档财经辩论节目，由现场嘉宾、媒体观察团和现场观众就热点财经话题展开讨论
《泊客中国》	天津卫视	大型中英文人物纪录片栏目，记录了百余位生活、工作在中国的外国友人的精彩故事
《村里这点事》	河北电视台农民频道	日播农村题材栏目剧
《东方直播室》	东方卫视	时事辩论民意调查类节目
《欢乐喜洋洋》	.湖北卫视	少儿竞技游戏节目
《巴山蜀水之城市故事》	四川电视台经济频道	文化谈话节目，解读城市和历史
《都市快报》	陕西电视台都市青春频道	民生新闻栏目
《解密》	深圳卫视	探秘节目

表 6-8 北京卫视主要自制节目

节目名称	题材
《环球冲浪》	国际热点探讨和评论
《北京您早》	早间新闻
《真情真动》	关注弱势群体，并发放福利金
《五星夜话》	名人对文化热点进行评述
《光荣绽放》	明星访谈
《名门之后》	揭示名人成长故事
《科教观察》	科教
《天下财经》	财经
《天下收藏》	历史收藏

表 6-9 东方卫视主要自制节目

节目名称	题材
《幸福魔方》	家庭生活
《百里挑一》	原创约会
《加油！老爸》	亲子竞技
《中国达人秀》、《舞林大会》	娱乐，购买版权
《X 元素》	高档音乐选秀
《谁是大人物》	富有中国特色的平民选秀常规栏目，展示民间绝活，将吸引更多的年轻观众
《星厨大战》	邀请明星参与的美食综艺节目
《闪电星感动》	邀请明星参与的原创慈善节目
《东方直播室》	时事辩论、民意调查类节目，与网络社区联合推出
《家有好男儿》	“我家有男初长成”的概念，观众们将看到 5 种青涩的男人如何征服 100 个女人的心。常规综艺节目形式

以北京和上海两家广播电视台自制节目的类型说明，目前我国各省市电视自制节目关注题材主要包括：社会经济、民生、文化热点、明星参与访谈、家庭、平民选秀和高档选秀。而美国 2011 年单月排名前 10 的节目类型为：广播电视受欢迎节目的前 10 位分别为体育运动（4）和剧集（6）；有线电视受欢迎节目前 10 位有 7 个为体育节目，1 个为真人秀，2 个为电视剧；辛迪加市场，4 个为电视剧，1 个为体育节目，游戏和智力节目、娱乐节目有 4 个，分别为奥普拉脱口秀、畅销文字竞猜（Wheel of Fortune）、智力竞赛、娱乐节目；2001 年六大电视网制作的受欢迎节目是《幸福的一家人》，由此可见中国省级电视台所自制节目题材与美国观众消费者偏好在一定程度上有相似性，但由于美国主流广播电视网在这些题材上有很强的品牌效应，中国广播电视台如何能突破美国主流广播电视网在这些节目上的垄断地位仍旧是个很大挑战。

由于美国主要广播电视网均能制作出脍炙人口的电视系列剧，所以本书还将研究这几家省级电视台电视系列剧的关注程度。

表 6–10 中美企业制作优质电视剧的资源能力比较

剧名	题材	制作公司	剧名	题材	制作公司
《老大的幸福》	情感 / 家庭 / 伦理	江苏广播电视总台	《盾牌》	犯罪 / 剧情	FOX
《乡村爱情故事》	生活喜剧	本山传媒	《美眉神探》	剧情 / 犯罪 / 悬念	ABC
《为了新中国前进》	军事	河北省电视台和八一电影制片厂	《法律与秩序》	剧情 / 犯罪	NBC
《神探狄仁杰前传》	古装 / 悬疑	河北电影电视剧制作中心	《吉尔摩女孩》	喜剧 / 伦理	WB
《西游记》	经典名著改编	浙江卫视	《雪山镇》	剧情 / 家庭	CW
《憨媳当家》	生活 / 家庭	北京美丽海影视文化艺术有限公司	《迷失》	剧情 / 冒险	ABC

（续表）

《钻石豪门》	家庭	北京拉风影视投资有限公司	《太空堡垒卡拉狄加》	剧情/科幻	NBC下的Sci-Fi
《北方有佳人》	伦理	中共济南市委宣传部、济南市广播电视局、山东朋友文化传播有限公司、山东电影电视剧制作中心	《犯罪现场》	剧情/犯罪	CBS
《家有公婆》	家庭	上海电影艺术学院、北京盛世颐和影视公司	《黑道家族》	剧情/黑帮	HBO
《老公万岁》	爱情	香港TVB	《24小时》	剧情/动作	FOX

资料来源：美国来自 http://ent.sina.com.cn/v/u/2006-03-27/14381028517.html

中国2010年最受观众欢迎的十大电视剧排行榜，省级广播电视局相关制作中心出品共有5部；美剧2007年最受欢迎的10部电视剧全部由美国主流广播电视网制作，这也反映出中国广播电视企业在制作受观众欢迎的节目能力上仍旧欠缺。

综合中美在内容产品资源比较，获得如下几点启示：

（1）美国广播电视网内容制作能力更强大，突出表现为其制作质量。美国最受欢迎的电视节目几乎都是由五大领先广播电视网制作，所以广播电视网制作在品牌效应上很强。

（2）中央电视台和其他代表性电视台内容制作能力正在逐步上升，这同时反映在自制节目数量和创新节目数量上，但节目类型上还不够丰富，自制节目中适合美国消费者的不多，同时国内制作公司实力不够强大，抑制了节目的品牌效应。

（3）蓝海电视现在自制产权节目数量最多，但质量还有待数据进一步检验。

6.3 股权为基础的资源

股权为基础的资源系指广播电视网络建立在股权基础上的一些不可替代的核心资源。它主要表现为网络与广播电视企业、有线电视企业和内容制作企业的并购数目。

6.3.1 美国

美国主流广播电视网络以股权为基础的资源情况如表 6-11 所示。从以并购数目为衡量指标的股权资源发展整体情况分析，CBS、FOX 和 NBC 是整体情况最为活跃的；从不同题材的并购细节分析，自 1996 年起广播电视网在广播电视领域的并购活动最频繁，而且 CBS、FOX 和 NBC 在广播电视领域的并购活动比 ABC 要活跃得多。究其原因，其他网络的直属经营电视台数目少，市场覆盖范围相对窄，而 ABC 在附属子公司合约、股权拥有和直属电视台数目都是领导者，基本达到 1996 年电信法改革前国家的所有权上限 25%[1]。因此在 1996 年前，ABC 所能关注的并购领域只能是内容领域，而其他网络却能持续在广播电视和有线电视领域进行股权扩张。

表 6-11 美国广播电视网的股权为基础资源

时间	ABC	CBS	NBC	FOX	UPN	WB
股权发展资源的整体情况——并购广播、有线电视和内容公司的总数目						
1986	1（2）	5（1）	0（3）	0（3）	N/A	N/A
1991	3（2）	4（1）	1（3）	0（4）	N/A	N/A
1996	2（4）	4（1）	4（1）	3（3）	N/A	N/A
2001	1（4）	2（3）	13（1）	12（2）	N/A	N/A

【1】FCC Biennial Review Report, 2000.

（续表）

股权发展资源——收购电视实体的数目						
1986	1 电视节目	1 电视节目 1 广播节目	0	0	N/A	N/A
1991	0	2 电视节目 2 广播节目	0	0	N/A	N/A
1996	0	1 电视节目 2 广播节目	2 电视节目 1 广播节目	3 电视节目	N/A	N/A
2001	0	1	13 电视节目	11 电视节目	N/A	N/A
股权发展资源——收购有线电视实体的数目						
1986	0	1	0	0	N/A	N/A
1991	0	0	1	0	N/A	N/A
1996	0	1	0	0	N/A	N/A
2001	1	1	0	0	N/A	N/A
股权发展资源——收购内容公司实体的数目						
1986	0	1	0	0	N/A	N/A
1991	3	0	0	0	N/A	N/A
1996	2	0	0	0	N/A	N/A
2001	0	0	0	1	N/A	N/A

资料来源：Daphne Eilein Landers and Sylvia Chan-Olmsted, Assessing the Changing Network TV Market: A Resource-Based Analysis of Broadcast Television Networks, *Journal of Media Business Studies*, 2004.1(1): 1-26

6.3.2 中国

中国广播电视产业还正处于制播分离改革中，各省级广播电影电视单位均在深化经营机制改革，所以基于股权的并购比较少。主要电视台的相关改制行为表现为：

（1）中央电视台目前资产重组的动态表现为，2009 年 12 月中央电视台中国电视剧制作中心有限责任公司成立，转企改制是电视媒体推进制播改革。转企改制后的中国电视剧制作中心是中央电视台台属、台管、台控的独资公司，并将继续使用中央电视台中国电视剧制作中心的品牌，同时也将挂牌成为国家重大革命和历史题材影视剧制作基地。

（2）2001年上海广播电影电视总局整合当时的上海人民广播电台、上海东方广播电台、上海电视台、东方电视台、上海有线电视台等单位组建上海文化广播影视集团，这是一家集广播、电视、报刊、网络等于一体的多媒体集团。2002年起正式运营。2009年10月21日，上海文广新闻传媒集团正式分拆成两个单位，并更名为“上海广播电视台”与“上海东方传媒（集团）有限公司”。上海广播电视台出资成立台属、台控、台管的控股企业集团公司——上海东方传媒集团有限公司（SMG）。2010年起，经国家广电总局批准，上海电视台与宁夏电视台合作的宁夏卫视展开以第一财经制作的财经类节目为主的合作。目前还没有基于股权的并购。

（3）浙江广播电视集团成立于2001年11月，目前还没有基于股权的并购。

（4）2010年6月28日，湖南广电系统在完成了局、台分离后，组建了湖南广播电视台。湖南广播电视台控股的市场主体——芒果传媒有限公司（以下简称芒果传媒）也同时成立。2010年初，湖南卫视与青海卫视开始合作。此项合作开创了体制内电视媒体跨区域深度合作的先河。作为广电系统制播分离改革的一项新举措，它有利于强势媒体的跨区域拓展，有利于电视内容的市场化、产业化以及电视内容交易市场的形成。但这两种合作都不涉及股权兼并。值得注意的是，在股权探索上，湖南卫视做了一些尝试。2009年11月12日，湖南广电与盛大结盟成立盛视影业公司；年末，湖南卫视牵手淘宝成立合资公司；湖南卫视的两次资本运作分别选择影视节目制作和网络销售方面。此外，湖南广播电视总台还有一家控股上市公司电广传媒。

（5）江苏省广播电视总台（集团）成立于2001年6月，是由原江苏人民广播电台、江苏电视台、江苏有线电视台等单位合并组建而成。

（6）蓝海电视作为一家民营企业在海外设立的电视台，2009 年初始成立，目前还未发生股权基础的并购。

表 6-12 中国主要省级广播电视集团成立时间

	上海文广新闻传媒	浙江广播电视集团	江苏广播电视集团	湖南广播电视总台	北京广播影视集团
成立时间	2001 年	2001 年 11 月	2001 年 6 月	2000 年 12 月	2001 年 5 月

综合而言，中央电视台由于是国家直属电视台，所以进行资产重组的可能性较低。主要省级广播电视台改制成立经过十年左右，基本缺乏股权为纽带的资源，民营企业蓝海卫视更是初始成立。与美国主流广播电视网相比，中国企业资本运作活动非常少，资本运作能力弱，基于股权合作的资源有待进一步提高。

6.4 企业财务资源实力

6.4.1 美国

企业财务资源实力反映企业财务资源和口袋池深度，研究采取美国广播电视网所属母公司的收入来表示企业财务资源实力。

表 6-13 2010 年全美六大媒体集团与广播电视网关联关系

主要媒体集团	所拥有电视网
VIACOM	CBS
WALT DISNEY	ABC
NEWS	FOX
TIME WARNER	CNN
TIME WARNER & VIACOM	CW
COMCAST	NBC

美国六个主流广播电视网的历史沿革和其所属母公司的主要情况分别如下：

◎ ABC 公司：ABC 公司成立于 1948 年，1948—1976 年间 ABC 公司是美国传统三大广播电视网络中实力最弱的公司。ABC 公司以前属于美国无线电公司，最早以公共事务报道为主，附属电台少，1955 年 Dupont 电视网退出广播电视网络运营市场，在重要市场的附属电视台转身投靠 ABC，加速了 ABC 的成长。1952 年，ABC 与美国联合派拉蒙影院公司合并，并通过独家播出迪斯尼公司和华纳兄弟公司制作的电视节目实现赢利。1976 年其收视率开始跃居美国三大传统广播电视网之首。1995 年以 190 亿美元被迪斯尼兼并，这是内容发行商（ABC）和内容提供商（迪斯尼）之间的合并。迪斯尼公司由迪斯尼电影娱乐公司、迪斯尼消费类产品、迪斯尼主题公园、迪斯尼媒体网络、迪斯尼互联网分部共同组成。

◎ CBS 公司：CBS 公司成立于 1927 年，1928 年成为全国性的广播电视网络。2000 年起，由 VIACOM 控制。VIACOM 是娱乐和媒体类集团，它提供娱乐内容和媒体相关服务，包括节目服务和网站服务。集团同时制作和发行节目、在线内容和游戏、动画片及其他数字媒体服务。集团下属知名品牌包括：MTV 网络、BET 网络、派拉蒙 pictures、派拉蒙家庭娱乐和梦工厂。在 2000 年 VIACOM 和 CBS 未合并之前，VIACOM 在电影制作上有很强实力，其资产包括派拉蒙工作室、MTV、Nicklodeon 和 VH1。合并后的公司在娱乐、新闻、体育和音乐上居于领先地位。2004 年 CBS 从 VIACOM 中分拆上市，上市的 CBS 是美国媒体巨头，业务覆盖广播、出版、广告和电视制作，CBS 所注入的资产包括无线卫星电视、广播电视、电视制作和分销、出版、收费有线、录音和室外广告资产。由于 CBS 的集团 VIACOM 有 CBS 和 VIACOM 两大上市公司，所以本研究用两个公司的收入之和来反映

2005—2010 年间的财务资源实力。

表 6-14 VIACOM 和 CBS 2005—2010 年销售收入和净利润率
（单位：十亿美元）

销售收入	2005	2006	2007	2008	2009	2010
VIACOM	9.50	11.30	13.42	14.62	13.62	13.36
CBS	14.11	14.32	14.07	13.95	13.01	14.06
合计	23.61	25.62	27.49	28.57	26.63	26.46
VIACOM 净利润率（%）	13.20	14.00	13.70	8.60	11.80	—

◎ NBC 公司：1985 年，通用兼并 RCA 和旗下的 NBC 公司。2011 年之前，其控股股东为通用电气。2004 年，NBC 和 UNIVERSAL 进行了合并，两家企业合并以创造一个由通用电气和 VIVENDI 拥有的媒体巨头。2011 年 1 月 28 日，NBC 被 COMCAST 从通用电气购买了 51% 股权。COMCAST 的长期使命在于，不仅仅是分销，同时还是娱乐、新闻和体育节目的创造者。在收购 NBC 之前，COMCAST 主要向家庭和商业客户提供有线服务，保护交互性食品服务、IP 数字服务。截至 2008 年财年，有线系统服务了 2420 万视频观众、1490 万高速互联网客户和 650 万电

表 6-15 COMCAST 2005—2009 年销售收入和净利润率（单位：十亿美元）

COMCAST	2005	2006	2007	2008	2009
收入	21.08	24.97	30.90	34.26	35.76
净利润	0.93	2.53	2.58	2.55	3.64
净利润率（%）	4.41	10.13	8.35	7.44	10.18

话客户。同时，它还拥有 E！、高尔夫频道、时尚、VERSUS 等主题国家节目网络。

◎ FOX 公司：1950 年，20 世纪 FOX 电影公司进入电视生产；1977 年，派拉蒙公司创建了 FOX 广播电视网。1985 年，FOX 广播电视网被国际传媒巨头默多克收购。FOX 电视网由 FOX 娱乐公司拥有，是默多克新闻集团的一部分。

表 6-16 新闻集团 2005—2010 年历年收入和赢利情况（单位：十亿美元）

NEWS CORPORATION	2005	2006	2007	2008	2009	2010
收入	23.86	25.32	28.66	33.00	30.42	32.80
净利润	2.12	2.32	3.42	5.38	–3.38	2.50
净利润率（%）	8.89	9.16	11.93	16.30	–11.11	7.62

◎ UPN 和 WB：1995 年，影视制作巨头派拉蒙公司组建 UPN 网，开展全国性的广播电视业务，UPN 曾是 CBS 公司的下属网络，WB 由华纳兄弟创建，节目为年轻人喜欢的喜剧。2006 年 CBS 将 UPN 和时代华纳公司的 WB 进行合资，成立了 CW 广播电视网络，该网络定位于 18—34 岁人群，一周 6 天有节目。时代华纳公司主要有有线服务、电影娱乐、电视网络、出版和美国在线五个主要业务。有线分部通过美国第二大运营商——时代华纳有线公司运营，向家庭和商业客户提供视频、高速数据和语音服务。时代华纳通过华纳兄弟娱乐公司、新干线娱乐公司经营其电影娱乐业务，主要电影业务包

括制作和发行电影、电视剧、动画、视频游戏，发行家庭影像项目，对外许可公司电影、电视节目和任务形象。

表 6-17 时代华纳公司 2005—2009 年销售收入和利润（单位：十亿美元）

时代华纳公司	2005	2006	2007	2008	2009
收入	42.40	43.69	26.21	26.51	25.79
净利润	2.67	6.55	4.14	-12.15	2.44
净利润率（%）	6.30	15.00	15.80	-45.80	9.50

表 6-18 1986—2001 年广播电视网所属母公司财务资源实力（单位：十亿美元）

时间	ABC	CBS	NBC	FOX	UPN	WB
1986	4.1（3）	4.7（2）	36.0（1）	2.7（4）	N/A	N/A
1991	5.4（3）	3.0（4）	60.0（1）	8.6（2）	N/A	N/A
1996	18.7（2）	8.4（6）	79.0（1）	9.9（5）	12.1（3）	10.8（4）
2001	25.2（3）	23.2（4）	126.0（1）	13.8（6）	23.2（4）	38.2（2）

资料来源：Daphne Eilein Landers and Sylvia Chan-Olmsted, Assessing the Changing Network TV Market: A Resource-Based Analysis of Broadcast Television Networks, *Journal of Media Business Studies*, 2004.1(1): 1-26

表 6-19 2009 年五家大型广播电视网的财务资源实力比较（单位：十亿美元）

	ABC	CBS	NBC	FOX	CW
所属母公司	Disney	VIACOM	COMCAST	News CORPORATION	Time Warner+ CBS brother
收入	34.28（2）	26.63（4）	35.76（1）	32.80（3）	25.78/39.84
净利润	6.60	—	3.60	2.50	2.44
利润率（%）	21.36（1）	11.80（2）*	10.20（3）	7.62（5）	9.50（4）

* 根据 2010 年前 9 个月数据推测

上述两表反映了23年间美国主要广播电视网络所属母公司的财务资源实力，2001年NBC由于是通用集团下属公司，所以财务资源实力最强，2011年尽管被COMSTAT收购，仍是财务资源实力最强的公司，但2009年整合后各主要广播电视网络的财务资源实力相差不大，有一定劣势的是CBS，但其利润率水平尚好。

6.4.2 中国

由于中国还未有一家电视台实现股票公开发行上市，并都由直属上级单位管理，其中中央电视台是国家广播电影电视总局的直属单位，而其他省级广播电视台（集团）均归省级广播电影电视总局领导，所以本研究采用各地方广播电视收入来衡量中国企业整体财务资源实力。

对比中美企业财务资源实力，不难发现：2009年中国全国广播电视总收入折算成美元的最高值为285.2亿元，低于美国迪斯尼公司的营

表6–20 全国广播电视收入情况（单位：亿元）

时间	总收入	财政收入	广告收入	有线电视收费
2004	825	89	414	137
2005	931	109	469	160
2006	1099	126	527	184
2007	1316	175	601	212
2008	1584	209	702	250
2009	1853	245	782	285
2009年用十亿美元计价[1]	28.52	3.77	12.04	4.39

数据来源：国家广播电影电视总局网站

【1】1美元=6.4967人民币，2011年5月3日最新牌价。

表 6-21 2010 年主要省市广播电视收入

	上海	北京	浙江	江苏	全国
总计	193.60	109.55	161.82	152.27	1853.00
折算成十亿美元	2.98	1.69	2.49	2.34	28.52

数据来源：国家广播电影电视总局网站和各地方总局网站的归纳整理

业收入，广播电视产业比较发达的省市广播电视收入也有限，其中上海收入最多，为 29.8 亿美元，该水平仍低于迪斯尼公司 1999 年的广播电视网络收入，也仅为 CBS 2009 年全年广告收入的 1/3。而蓝海电视，其所能吸纳的风险投资也只能是百万级美元，财务实力是不够的。由此可见，中国广播电视产业财务资源实力远远弱于美国主要广播电视网，这非常不利于中国企业采取资源承诺水平高的高程度本土化战略。

6.5 多功能经验

6.5.1 美国

表 6-22 说明，自 1986 年起，美国四大主要广播电视网 ABC、CBS、NBC、FOX（含其所在母公司）已进入广播电视、广播电台、有线电视、家庭录像、电视 / 电影制作、报纸、杂志、音乐出版、软件 / 游戏等多种传媒领域，迄今为止已有 25 年经营经验；UPN 和 WB 自 1996 年也开始全面进入，迄今为止已有 15 年经营经验。

表 6-22 主要广播电视网多功能经验

	ABC	CBS	NBC	FOX	UPN	WB
1986	广播电视 广播电台 有线电视 家庭录像 电视 / 电影制作 报纸 杂志 音乐出版 软件 / 游戏	广播电视 广播电台 有线电视 家庭录像 电视 / 电影制作 报纸 杂志 音乐出版 软件 / 游戏	广播电视 广播电台 有线电视 家庭录像 电视 / 电影制作 报纸 杂志 音乐出版 软件 / 游戏	广播电视 广播电台 有线电视 家庭录像 内容制作 报纸 杂志 音乐出版 软件 / 游戏	N/A	N/A
1991	广播电视 广播电台 有线电视 家庭录像 电视 / 电影制作 报纸 杂志 音乐出版 软件 / 游戏	广播电视 广播电台 有线电视 家庭录像 电视 / 电影制作 报纸 杂志 音乐出版 软件 / 游戏	广播电视 广播电台 有线电视 家庭录像 电视 / 电影制作 报纸 杂志 音乐出版 软件 / 游戏	广播电视 广播电台 有线电视 家庭录像 电视 / 电影制作 报纸 杂志 音乐出版 软件 / 游戏	N/A	N/A
1996	广播电视 广播电台 有线电视 家庭录像 电视 / 电影制作 报纸 杂志 音乐出版 软件 / 视频游戏	广播电视 广播电台 有线电视 家庭录像 电视 / 电影制作 报纸 杂志 音乐出版 软件 / 游戏	广播电视 广播电台 有线电视 家庭录像 电视 / 电影制作 报纸 杂志 音乐出版 软件 / 游戏	广播电视 广播电台 有线电视 家庭录像 电视 / 电影制作 报纸 杂志 音乐出版 软件 / 游戏	广播电视 广播电台 有线电视 家庭录像 电视 / 电影制作 报纸 杂志 音乐出版 软件 / 游戏	广播电视 广播电台 有线电视 家庭录像 电视 / 电影制作 报纸 杂志 音乐出版 软件 / 游戏
2001	广播电视 广播电台 有线电视 家庭录像 电视 / 电影制作 报纸 杂志 音乐出版 软件 / 游戏 互联网	广播电视 广播电台 有线电视 家庭录像 电视 / 电影制作 报纸 杂志 音乐出版 软件 / 游戏 互联网	广播电视 广播电台 有线电视 家庭录像 电视 / 电影制作 报纸 杂志 音乐出版 软件 / 游戏 互联网	广播电视 广播电台 有线电视 家庭录像 电视 / 电影制作 报纸 杂志 音乐出版 软件 / 游戏 互联网	广播电视 广播电台 有线电视 家庭录像 电视 / 电影制作 报纸 杂志 音乐出版 软件 / 游戏 互联网	广播电视 广播电台 有线电视 家庭录像 电视 / 电影制作 报纸 杂志 音乐出版 软件 / 游戏 互联网
2011	主题公园、主题 购物		主题公园、主题 购物			

表 6-23 主要有线电视网络的收视率排名（2011 年元月单周）

有线网络	关联广播电视网	收视率前 10 位节目所占个数	
ESPN	ABC	7	主要有线电视网络的收视率排名（2011 年元月单周）
MTV	NBC(VIACOM)	1	
TNT		1	
FI		1	
CNBC	NBC		非常好的商业电视有线网
CNEMAX & HOB	CW		美国发行最广的付费电视服务台
NATIONAL GEOGRAPHI	FOX		

由此可见，美国广播电视网通过其所属母公司与知名有线电视网络也有了密切关系。

◎ ABC 公司很早就与电影界建立长期关系。1954 和 1955 年分别与迪斯尼和华纳兄弟公司签署了合作协议。曾经生产二流电影的设备如今用来制作电视娱乐节目。电视网负责选择节目，但好莱坞主要电影制片厂和新兴的独立制作公司成了电视网的主要制片人。影视共生状态持续至今。1985 年 ABC 与大都会合并，投资有线电视网，实施广播电视发展多样化战略。ABC 旗下最成功的是有线体育电视网 ESPN。作为 ABC 的控股母公司迪斯尼公司的主营业务包括负责电影、音乐、影像制作的迪斯尼电影娱乐公司、负责公司主题公园和其他旅游资产的迪斯尼主题公园和度假部门、含玩具、衣服等迪斯尼产权制品的消费类产品公司和包括电视和互联网运营的媒体网络分部。

◎ NBC 公司在 2004 年拥有自己的制片厂，并开始向有线电视和互联网延伸，其关联公司环球公司由德国移民于 1906 年创建，后环球公司创建了 Nickelodeon 剧院，随后在美国创建了美国电影公司，至此 NBC 进入了电影的三个阶段：制作—发行—上映。在多目的技能方面，

NBC 是一种聚焦集中策略，其并购是在保持内容制作基础上从广播电视向广播电视有线电视、互联网延伸。同时，NBC 环球还致力于推动其有线电视频道。NBC 旗下有非常好的商业电视有线网。NBC 环球作为多样化媒体公司。旗下实体见表 6-24。母公司 COMCAST 的主营业务为有线服务和节目，它提供各种基于有线通信的服务，包括录像、高速互联网和电话服务，并新设立了互动的在线数据观看平台——Xfinity。

表 6-24 NBC 的多功能经验

多功能经验类别	NBC
广播电视网	NBC 和 Telemundo
广泛发行的有线网络	USA Network，SCI FI，Bravo，CNBC，MSNBC
电影制作	环球电影公司
主题公园和旅游	好莱坞和奥兰多主题公园

资料来源：根据 DATAMONITOR 报告和公司网站归纳整理

◎ CBS 公司：CBS 电视台收入主要来源于电视台广告时间，所有电视台都有运营网站，而且网站与共同市场的广播台网站相连，以推动

表 6-25 CBS 相关联的多功能经验

多功能经验类别	CBS	关联方——VIACOM
广播电视网	CBS，CW	BET（专门为非洲人打造的节目）
广泛发行的有线网络		MTV，NICKLEON
电影制作	CBS 电影，负责动画片制作	派拉蒙制作公司、MTV 制作电影公司、Nickleondeon 电影
主题公园和旅游		派拉蒙主题公园
出版	Simon & Schuster	
电台	CBS RADIO	

资料来源：根据 DATAMONITOR 报告和公司网站归纳整理

电视台节目和提供新闻、娱乐及其他服务。网站收入来源于广告销售。CBS 也拥有自己的消费品分部，专门负责电视品牌和电视剧主题的产品制作销售和许可，还负责监管网上销售。

◎ 新闻集团：FOX 所属新闻集团所经营的业务包括有线网络节目、电影娱乐、电视、直接卫星电视和出版业五大主要部分。

表 6–26 FOX 相关联的多功能经验

多功能经验类别	FOX 与其母公司	备注
广播电视网	全世界有 16 个广播电视网，最大的是 FOX 电视网	
广泛发行的有线网络	很多，包括国家地理频道	含电影、旅游、生活、体育等主题频道
卫星电视网络	10 个	
电影制作	21 世纪 FOX 电影公司和电视公司	
主题公园和旅游	无	
出版	书（2 家）、报纸（62 种）、杂志（30 种）	在澳大利亚、英国、美国、斐济都有报纸
电台	Fox Film Music Group MySpace Records	
互联网	FOX 交互网站、Myspace 网站、博客网络、DVD 服务	

资料来源：根据 DATAMONITOR 报告和公司网站归纳整理

◎ 华纳兄弟：电视业务中具有国内和国际基础网络和付费电视网络。Turner 网络节目、HBO 节目和 Cinemax 付费电视节目（合成 HBO）均是通过有线、卫星和其他分销技术实现。从其他媒体广播电视网服务分析，Turner 网络分成娱乐和新闻两个主题网络。新闻主题网络包括 CNN 和 HLN，均为 24 小时有线电视新闻服务。Turner 的娱乐和新闻网络分销发行采取多种渠道平台，包括有线和 IPTV、卫星平台、移动运营。Turner 还通过 CNN.com，CNNMoney.com，NASCAR.com，

表 6-27 CW 的相关联多功能经验

多功能经验类别	CW 和时代华纳
广泛发行的有线网络	Turner，HBO，CNN，HLN
卫星电视网络	Turner，HBO
电影制作	华纳兄弟电影公司
主题公园和旅游	无
出版	华纳在美国发行 23 种杂志，在美国之外发行 90 种杂志
电台	无
互联网	世界范围内拥有 50 个网站

资料来源：根据 DATAMONITOR 报告和公司网站归纳整理

PGA.com，PGATour.com，NBA.com 和 CartoonNetwork. com 等网站产生商业广告收入和消费者订阅费。HBO 是美国发行最广的付费电视服务台。从出版发行业务分析，主要运营主体是下属独资子公司——时代公司。2008 年财务年度，华纳在美国发行 23 种杂志，在美国之外发行 90 种杂志，在世界范围内拥有 50 个网站。

6.5.2 中国

多功能经验比较说明，中国有代表性的六大电视台中浙江、上海、湖南和江苏在多功能经验积累上比较丰富。蓝海电视作为民营企业，其多媒体运作的经验最为缺乏。中央电视台和北京电视台在电台、出版媒介领域缺乏进入，其跨媒介经验还有待提高。北京电视台当前广播业务和电视业务是分开的。中央电视台是国家广播电影电视总局直属机构，但其内部没有出版业务，中国广播电视出版社是与中央电视台平行的单位，均归国家广播电影电视总局领导。综合看来，中国与美国企业多功能经验的不同体现为以下几点：

表 6-28 中国主要电视台的多功能经验

	浙江广电集团	上海东方传媒	湖南广电总台	北京电视台	江苏广电总台	中央电视台	蓝海电视
付费有线网络	留学世界和好易购	数字财经	金鹰卡通和快乐购	京剧频道和爱家购物频道	靓妆、幼儿教育、英语学习、财富天下	有	无
卫星电视网络	有	有	有	有	有	有多个	无
电影电视内容制作	浙江影视（集团）公司、浙江天元影视艺术中心	广电影视制作公司、真实传媒有限公司	潇湘电影集团、合资设立盛视影业公司	无	南京电影制片厂、江苏音像出版社；电视产业：江苏天赐纵横影视文化投资有限公司	北京科学教育电影制片厂、中央新闻纪录电影制片厂、中国电视剧制作中心	无
主题公园和旅游	无	无	世界之窗	无	横店电影城	无	无
出版	《浙江城市广播电视报》、《大众电视》社和音像出版社	《上海电视》杂志、《每周广播电视报》、《第一财经日报》	《湖南广播电视报》、《天下情》杂志、《法制周报》	无	《东方文化周刊》、《视听界》、广告大观报刊中心	无（总局下属有中国广播电视出版社，该出版社出版杂志《中国广播影视》、《出版人》、《电视指南》、《中国广播影视报》、《综艺》	无
电台	7个频道	11套	9个频率	无	10套	无	无
互联网	新蓝网和中国蓝	SMGBB 东方宽频	金鹰网	BTV在线	江苏网络广播电视台	中国电视网：中央电视台旗下的视频网站，全国数字付费频道的专业平台，中国有线电视网络有限公司、中央数字电视传播有限公司、中央卫星电视传播中心	蓝海电视网络

（1）中国广播电视台在主题公园和旅游资源方面介入较少，这不大利于品牌资源共享的范围经济形成，所以降低了其赢利能力和在美国市场承担较高资源投入水平战略的可能性。

（2）美国广播电视网关联的有线网络也都是美国收视率排名前列的网络，而中国代表性电视台下属有线收费频道影响力弱，所以也不利于制作环节规模经济的充分利用。

（3）美国广播电视网关联的制作公司都是全球最具知名度和竞争力的制作公司，而中国代表性电视台制作公司的竞争力还有待提高。

（4）美国广播电视网关联的出版业也是运营的全球化公司，而中国相关出版刊物影响力仅限于国内。

当然中国广播电视企业资源能力仍有亮点可挖：

（1）作为国家所有电视台，中央电视台下设有线电视网络有限公司、中央数字电视传播有限公司、中央卫星电视传播中心，因此其媒介传播资源能力较强。

（2）以湖南卫视为代表的频道已开始尝试品牌效应的挖掘。例如借助湖南卫视的成功，湖南广电在其产业化发展的链条上又增加了金鹰卡通频道和购物频道。金鹰卡通开播后卡通片播出超过总量的60%，覆盖已经达到全国20个省会城市、161个县、1.5亿人口，收视位居全国卡通频道前三。借助湖南卫视《超级女声》（简称《超女》）的成功，金鹰卡通频道推出了一个与《超女》同步的超女娃娃全国征集以及公开评选活动，形成了《超女》之外的一场卡通《超女》大赛，同时，卡通频道充分利用这一资源，和拥有最大网民资源的腾讯公司合作组织这场赛事。

6.6 观众资源知识

6.6.1 美国

由于企业产品一般都是针对具有相似人口统计特征的特定团体，所以企业广告商客户通常更愿意选择定位于消费者群体人口统计特征明显的广播电视网，以提高广告投入的效果，因此吸引所需要观众的经验在广播电视网中也显得比较重要。本研究选取观众收入和年龄差别指标来衡量美国不同广播电视网的基于观众经验。

表 6-29 2001 年美国主流广播电视网的观众分布经验

	ABC	CBS	NBC	FOX	UPN	WB
收入	42000	36000	46000	44000	33000	39000
平均年龄	47	51	46	38	29	23
12—17 岁	5	3	4	8	14	16
18—24 岁	5	4	6	8	9	11
25—34 岁	12	11	15	18	15	15
35—50 岁	27	25	28	27	25	20
50 岁以上	45	52	43	28	18	13

资料来源：Daphne Eilein Landers and Sylvia Chan-Olmsted, Assessing the Changing Network TV Market: A Resource-Based Analysis of Broadcast Television Networks, *Journal of Media Business Studies*, 2004.1(1): 1-26

该表显示出 2001 年间 WB、UPN 和 FOX 依次所吸引的团体是以年轻人为主。拥有较多吸引高收入群体的电视网络依次为 NBC、FOX 和 ABC。从观众的人口统计特征结构分布看，NBC 的结构最为合理。但 FOX 通过其富有成效的经验知识成功获取了年轻而富有的观众细分群体。具体各广播电视网吸引观众经验的说明如下：

（1）传统 ABC、CBS 和 NBC 三大网络主要采取全面覆盖系统多样化战略。例如，20 世纪 70 年代，ABC 竞争地位上升，日间和黄金时间节目排档变化，增加了以年轻人为主要观众的日间肥皂剧，晚上黄金时间播出室内情景喜剧。

（2）在观众技能方面，NBC 吸引的家庭收入最高。其年龄构成说明其在观众人口统计特征上最为理想。其中一个原因得益于 NBC 创建了一个商业新闻电视网 CNBC。

（3）20 世纪 80 年代之前，CBS 收视率一直领先于 NBC 而位居第一。1983 年启动有线电视网络不成功导致业绩下滑。1991 年开始通过集聚于广播电视业务发展战略，收视率获得第一。1996 年之前，CBS 在广播电视网的收视率大战中排最后。CBS 直到 2000 年，一直都是美国收视率最高的网络。维基百科显示，截至 2008 年，连续三年，CBS 收视率都是第一。上表中 CBS 所吸引的观众群体年龄大，而且平均收入低，但其收视率在 2008、2009、2010 年均为第一，这说明 CBS 在年龄大而收入一般的观众群体上积累的经验也能显著提高其经营绩效。值得注意的是，CBS 和 VIACOM 的合并将帮助 CBS 更好地进入到较年轻一代的观众群体。

（4）FOX 是 18—49 岁群体中广播电视网络收视率最高的。2007—2008 年，首次成为全美家庭中第一电视网络。但 2008 年后 CBS 重新夺走收视率第一的宝座。FOX 最开始的策略在于，首播节目选择在夏季，而这时是其他电视网重复播出节目的时候。节目以年轻人、男性受众为目标对象，这些是三大电视网在争取广告时忽视的群体。

（5）UPN 和 WB 都采取年轻消费者群体定位，2006 年两者合并为 CW 后，网络定位仍集中于 18—34 岁人群。

6.6.2 中国

选取代表性电视台展开分析。

◎ 湖南卫视核心观众定位于都市年轻人，节目风格坚持时尚、愉悦和新锐。湖南打造的许多综艺节目都非常符合年轻人的消费偏好。湖南卫视的立台宗旨是“快乐中国”，每天黄金时段均播放自制节目，诸如《天天向上》、《快乐大本营》、《勇往直前》等，其定位群体都是年轻人。同时，湖南卫视还与淘宝网联合打造国内第一档电视网络互动节目《越淘越开心》，都反映出其在年轻人中的观众积累。表6-30湖南卫视周一至周日黄金时间的节目也都是围绕年轻人量身打造的综艺类。

表 6-30 湖南卫视周一至周日 19:30-22:00 节目

周一	周二	周三	周四	周五	周六	周日
《好好生活》、《挑战麦克风》	《好好生活》、《我们约会吧》	《2011成人礼》	《喜剧之王》	《天天向上》	《快乐大本营》	《舞动奇迹》

◎ 由于上海处于经济发展前沿城市，上海广播电视总台发展观众群体在平均收入上可能略高一些，主要观众也不一定局限于年轻人。这可以从以下三方面反映：第一方面，2011年起上海东方卫视定位为“新闻立台、文艺兴台、影视强台”，强调新闻重要性；第二方面，与湖南广播电视总台相比，上海总台在新闻综合、财经、艺术人文主题上均设有专门电视频道；第三方面，设置专门时尚和外语频道，这也反映出对白领人士需求的迎合。相对于别的国内电视台，上海在外国观众积累上有一定优势，拥有专业一流的外语节目制作能力，每天制作播出19小时，涵盖新闻、资讯、时尚、娱乐、家居、休闲、教育、谈话等不同题材的外语节目，ICS制作的外语节目集国际风范、温润优雅和精致品位等气质于一身，为上海的外语使用者和国际居民等高端人群提供新闻、时尚、资讯及影视等类型多样的服务。

◎ 北京电视台发展所经营的观众群体人口统计特征也不太明显，由于其经营理念是“依托首都深厚的文化资源，努力向全球传达北京的声音，向世界展示中国的形象”。所以，各频道设置关注公共生活、新闻、文化和教育，频道主题厚重感较强而时尚感较弱，其所积累的观众相对年龄层次应长于青年，同时缺乏白领关注热点。

◎ 江苏广播电视台设置的免费主题频道涵盖生活、公共、财经、电视剧等关心群体年龄较长的传统主题频道。同时也设置了幼儿、娱乐等较新潮的免费频道和时尚、外语教育、财经等较年轻的主题频道，反映出江苏省广播电视台旨在追求年长和年轻观众资源和知识开发之间的平衡。

◎ 浙江广播电视台主题频道涵盖了卫视、经视、都市、公共和科教等比较传统的主题，另外还涉及了少儿和娱乐这两个年轻人比较关注的主题。值得一提的是浙江卫视这几年在年轻观众资源积累上做得不错，自制了偶像剧《爱上女主播》。每晚节目安排，18:30《浙江新闻联播》，黄金时间播放电视剧，21:35《麦霸英雄会》。目前，浙江卫视比较有名的节目均是以年轻人为目标群体的综艺秀和自制电视剧。

表 6-31 浙江广播电视台卫视频道黄金时间节目编排

周一	周二	周三	周四	周五	周六	周日
《爱情连连看》					《爱情连连看》	《爱情连连看》
《浙江新闻联播》	《浙江新闻联播》	《浙江新闻联播》	《浙江新闻联播》	《浙江新闻联播》	《浙江新闻联播》	《浙江新闻联播》
电视剧	电视剧	电视剧	电视剧	电视剧	电视剧	电视剧
《麦霸英雄汇》	《麦霸英雄汇》	《麦霸英雄汇》	《麦霸英雄汇》	《我爱记歌词》	《中国梦想秀》	《婚姻保卫战》

不同电视台在观众积累经验上的侧重点也可以通过电视台所设置的频道主体类型来进行分析。

表 6-32 不同省级电视台频道按主题分布

	湖南	上海	北京	江苏	浙江	中央电视台
卫视	有	东方卫视	北京卫视:新闻为主，荟萃全台精品节目	江苏卫视	浙江卫视，融新闻、教育、娱乐、服务类节目	上述主题都有，另外还有40个全国播出的数字付费频道
经视	有				浙江经济生活频道	
都市生活	有		生活频道	江苏城市，关注民生	民生休闲	
公共	有		公共频道	公共频道，传播公共资讯	钱江都市：面向本省城镇居民，以经济类节目为主，兼有文化娱乐、社教、服务等节目	
纪实	金鹰纪实	纪实				
幼儿及教育	金鹰卡通	哈哈少儿、旋动卡通	动画频道、青少频道	幼儿教育、英语学习（付费）、少儿	少儿频道	
电子购物	快乐购	东方购物			好易购家庭购物频道，网络、电视相结合	
新闻综合		新闻综合				
财经		第一财经	财经频道	财经，财富天下（付费）		
时尚		星尚		靓妆（付费）		
电视剧	有	影视剧	影视频道	影视		
体育		五星体育	体育频道	体育休闲频道		
娱乐	有	新娱乐	江苏综艺频道	影视娱乐		
外语		外语				

（续表）

艺术文艺		艺术人文	文艺频道——荟萃文化经典			
科教			科技、教育、法治节目		教育科技	
共计	8	11	8	8	7	

上表清楚说明，中国六家有影响力的广播电视台其观众积累的经验各不相同。相对而言，观众经验积累比较有特点的分别为中央电视台、上海广播电视台和湖南广播电视台。其余三家观众定位还不是太明确，相对而言，江苏和浙江有年轻化和娱乐化趋势，这使得江苏、浙江和湖南在观众积累经验上有一定雷同。

中央电视台下设频道主题最为丰富，其所定位的观众群体应该是全范围覆盖。五个主要省级电视台中上海广播电视台下设频道主题种类最为丰富，同时也是专门开设外语频道的省级电视台，说明上海卫视吸引观众群体年龄更为广泛、收入也相对较高，在外国观众上也应积累了一定经验。湖南、上海和浙江均拥有电子购物频道的省级电视台，它以年轻人为自己的主要目标群体。

6.7 新技术经验

6.7.1 美国

2001—2011 年十年间，美国主流广播电视网均积极通过股权并购、合作和自主开发来提高基于互联网的新技术经验。目前六大主流广播电视网均实现在线互动观看、移动手机用户通过注册在线观看、电视网主题节目衍生消费品购物等功能，同时各个电视网各自具有鲜明特点的互

表 6-33 美国主要广播电视网的新技术经验

	ABC	CBS	NBC	FOX	UPN	WB
新技术技能——排名高（高访问量）互联网网站						
2001 年	沃尔特·迪斯尼互联网集团网站中的得分每月前 15 名	VIACOM 在线网站取得每月前 20 名的成绩	NBC 的 Internet 站点取得每月前 43 名	新闻集团在线网站九个月取得前 50 名	VIACOM 在线网站每月取得前 20 名	WB 有一个有限的网络，但美国在线时代华纳的网站是最高量访问的网站
2011 年	在线观看、移动观看、网络购物	在线观看、移动观看、网络购物配合真人秀，收购虚拟世界内容开发商	在线观看、移动观看、网络购物、照片、社区、电子游戏，fantancy xfinity TV	在线观看、移动观看、照片、社会网络网站、电子游戏	在线观看、交互式视频游戏、社会网络、基于 iPad 的电视节目应用开发	

联网应用。

◎ ABC 网站设计的创新性在于：ABC 移动功能，为观众提供移动方式选择观看 ABC 电视网节目，赢利模式为收取注册费。ABC 还设置了网上购物功能——“ABC Store”，可供购买节目、DVD、CD、书、服装及其他家用品。ABC 在移动观看和 ABC Store 上开发得很好，但综合看来互联网利用广泛性不及其他广播电视网。

◎ NBC 在全球拥有 500 个数字媒体资源，2010 年第二季度的单月访问量为 6400 万人。NBC 网站也设置社区、照片、移动用户下载和主题产品网上购买功能，同时还设置了在线电子游戏功能。COMCAST 2009 年 12 月开始了一个新版本 Fancast Xfinity TV，它可以使 COMCAST 有线电视用户在任何时间通过任何屏幕（电视、移动设备、电脑）等观看所需节目，这是一种交互传媒方式。

◎ CBS 的数字资源与 ABC 相似，特殊地方在于通过收购相关主题网站与所筹划节目相结合。2007 年 2 月投资了虚拟世界内容开发商 Electric Sheep 公司，围绕其主推电视剧策划商业虚拟秀“The L-Word in Second Life”，例如《好汉两个半》；2007 年 3 月 20 日，收购了一个高等学校体育网络在线网站。2007 年 4 月，创建了 CBS 互动观众网络。

◎ FOX 所在的新闻集团构建了社会网络网站、在线视频网站 MYSPACE、HULU、照片和 video 编辑网站、交互广告网站和网络零售商。

◎ 时代华纳的新技术经验：时代华纳拥有美国在线公司，所以其新技术经验非常丰富。通过数据视频注册提供 VOD 服务，同样拥有交互娱乐公司，提供交互式视频游戏。2007 年收购了一家英国的视频有线开发商。2011 年华纳公司有线开发基于 iPad 的应用，即将 17 个电视频道通过有线调制解调器即时传送于 iPad 上。时代华纳集团所属的美国在线 2008 年还收购了一家社会网络公司。

此外，2009 年，NBC、迪斯尼和新闻集团也联合开发了一种 HULU 交互式网站，通过网络或题材搜索，然后观看。

6.7.2 中国

2010 年 1 月 27 日，苹果公司发布最新平板电脑 iPad，引发了国内传媒业数字化发展的新一轮高潮。中央电视台、北京电视台、湖南电视台等电视媒体也纷纷开发相应的手机软件，进入移动终端市场。

◎ 湖南广播电视台开设了芒果网络生态圈和在线网络游戏。芒果 TV 网上有在线视频播放，但同步播放能力还不够。2010 年 1 月，湖南广电宣布推出芒果 TV 新独立域名，同时，湖南广电宣布进入网游行业，全面切入互联网。2009 年 12 月 29 日，湖南卫视在长沙正式宣布与淘宝达成战略合作，淘宝网上设立专门潮流购物频道“快乐淘宝”及外部独立网站；更将打通网络与电视的平台终端，创建电子商务结合电视传媒的商业模式。

◎ 上海广播电视台开通了电子商务互联网站，创建了 CALL-

表 6-34 中国主要省级电视台的新技术经验

	中央电视台	湖南	上海	北京	江苏	浙江	蓝海电视
2011	官网有节目收视指南、栏目介绍、视频直播、点播、论坛、博客和 CCTV 广告	芒果 TV 网、金鹰网、在淘宝网上设立专门潮流购物频道"快乐淘宝"及外部独立网站、芒果网络生态圈、在线网络游戏，"快乐淘宝"在淘宝网上开辟的子频道专区（hitao.taobao.com）也已上线、网游	官网有博客、论坛，五星体育和星尚电子杂志 东方卫视直播间上网，数字电视、IP 电视、网络宽频电视、手机电视、数字音频广播	可以在线观看，但只有论坛，北京电视台手机牌照	有各个频道的网站，可以观看视频、登录论坛	浙江电视台在线设置新栏目，有视频和论坛，浙江卫视专门网站蓝天下有电子杂志	在线观看
机构实体		湖南卫视与淘宝的战略联盟	SMG 百视通新媒体公司			浙江手机电视台	

CENTER 系统，建立媒体受众数据库，开展餐饮渠道和终端商业领域，推出星尚电子杂志、星尚手机报等网络产品，打造星尚服装品牌系列、星尚书系、星尚专卖店，缔造中国的"时尚媒体"第一品牌。具有专业的 B2C 电子商务平台——东方购物网站，并与东方宽频联手开通了网络购物频道，成为国内第一家基于宽带流媒体技术的电子商务网站。长期致力于开拓将广播电视媒体与电信、网络等新技术相结合的新媒体产业，相继开办了数字电视、IP 电视、网络宽频电视、手机电视、数字音频广播等新媒体业务。旗下专门设立了 SMG 百视通新媒体公司，集合现有各类优势资源，负责新技术积累。

◎ 浙江广播电视台：浙江广播电视集团旗下重点设置浙江手机电视台，依托浙江广电集团雄厚的内容、技术、人才资源背景，基于无线 3G、WiFi 等无线互联网传输技术，提供浙江电视台所有频道的在线直播、节目点播回放，及大量精品影视、动漫在线观看，但新技术应用范围还比较窄。

◎ 蓝海电视：作为一家民营企业，新技术运用手段较单一，只有网络视频，经验还不够丰富。

对比中美广播电视企业在新技术经验上的特点，获得以下启示：

（1）与美国主要广播电视网相同，中国企业也都能够满足在线观看和移动手机下载观看功能。

（2）美国有三家网络可以提供网络游戏，中国主要是湖南卫视。

（3）美国 NBC 创建了 Fancast Xfinity TV 交互电视方式，它可以使 COMCAST 有线电视用户在任何时间通过任何屏幕（电视、移动设备、电脑）等观看所需节目，中国没有。

（4）美国五大电视网络都能提供电视衍生产品的网络购物，中国尽管湖南和上海有购物频道，但网络购物上有一定差距，电视和网络购物提供的所购物品均不是电视节目衍生的物品，所以范围经济发挥得非常有限。

（5）美国电视网注重构建社会网络网站，内容开发商通过虚拟世界为其真人秀节目做宣传，发挥品牌效应。中国这方面存在不足。

综合看来，国内湖南电视台和上海电视台在新技术经验积累上做得较好，且都已设立专门的机构负责新技术发展，特别是上海旗下专门设立了 SMG 百视通新媒体公司，该公司目前在国内属于移动观看电视的领先者。

6.8 国际经验

6.8.1 美国

由于本研究重点探讨中国广播电视企业在美国本土化经营战略，所以关于美国广播电视网的国际经验将重点从两方面开展，第一方面为美国广播电视网国际扩张的基本事件，另一方面为美国广播电视在中国国

表 6–35 美国广播电视网的国际经验

	ABC	CBS	NBC	FOX	WB
1986		CBS 法国晚间新闻	NBC 西欧新闻	42 个文件 4 种杂志 卫星服务 图书出版 唱片 计算机软件 福克斯电影 澳大利亚	N/A
1991	全球电视新闻服务（伦敦）投资 1.2 亿在欧洲和国际企业	在 77 个国家采用许可经营	CNBC 开始国际分销	在 35 个国家有 500 项许可协议 在英国有 7 种报纸 126 种文件 19 种杂志 一个图书出版公司，卫星服务	N/A
1996	在美国发展许可经营的电视剧，在加拿大、法国、德国、意大利、西班牙和英国的网络，在中国台湾、英国、澳大利亚有迪斯尼频道	西班牙语新闻频道 Telenoticias 在欧洲，亚洲的尼克，拉丁美洲的 MTV，所有新闻频道的合作伙伴，电影院业务，一个国际生产单位	美国全国广播公司有线传播节目分布在欧洲、亚洲和拉丁美洲	3 个有限电视网络 / 卫星服务 1 个电影制作单位 一个图书出版公司	华纳兄弟公司在全球授权 35000+ 小时的节目 美国有线电视新闻网在 210 多个国家 世界各地的 21 家新闻分社 TNT 和卡通网 HBO 和 Cinemax 音乐在 70 多个国家发行 国际剧院
2001	ABC 广播网络在 100 个国家，在欧洲，拉丁美洲的迪斯尼频道 ESPN 在 146 个国家和地区 MTV 在欧洲，亚洲，拉丁美洲	MTV 在欧洲、亚洲、拉丁美洲 尼克在亚洲、拉丁美洲、澳洲、欧洲有 18 个国际新闻分社和办事处	CNBC 在欧洲和亚洲 4 个在世界各地的电缆 / 卫星网络	澳大利亚和墨西哥的福克斯工作室 有线传播节目 110 个文件 14 种杂志 一个图书出版公司 21 个电视业务 卫星节目	在 210 多个国家有美国有线电视新闻网，32 家新闻分社 在 120 个国家有特纳经典电影 漫画 网络 HBO 和 Cinemax 华纳兄弟公司分布在有 40 多种语言的超过 175 个国家

资料来源：Daphne Eilein Landers and Sylvia Chan-Olmsted, Assessing the Changing Network TV Market: A Resource-Based Analysis of Broadcast Television Networks, *Journal of Media Business Studies*, 2004.1 (1): 1-26

际扩张的经验，后一方面为重点探讨方面。

表 6-35 说明，由于有母公司新闻集团的大力支持，FOX 多年来持续进行国际扩张并获得大量国际经验资产。不同于 FOX，其他广播电视网从新闻主题相关产品开始积累国际扩张知识。从扩张借助方式看，自 1996 年起，大部分电视网络通过将电视节目承载于外国有线电视平台来增加国际资源积累。在这方面，NBC 国际经验略显不足。

具体各大电视网在中国的运营经验为：

（1）ABC 在中国市场

由于依附于迪斯尼公司，所以 ABC 国际节目的海外辛迪加均通过迪斯尼媒体负责迪斯尼品牌和非品牌节目向各类品牌的分销，包括电视、宽带和电影。迪斯尼媒体分销公司在全球 240 多个国家向 1300 个合作平台发行了超过 3 万小时的节目，同时还注意基于迪斯尼平台的海外扩张。在中国市场的一个最典型的节目即为小神龙俱乐部，它是迪斯尼公司制作并运营的中国儿童节目，在中国大陆约 40 多家城市电视台播出，1994 年由美国 ABC 创办。自 1996 年被迪斯尼收购后，开始大量播出迪斯尼动画片和自创儿童节目，还播出自制互动节目，主持人是中国人，还有官方网站。此外，同 ABC 属于同一集团的 ESPN 在中国授权播出 NBA 节目，并和星空合作本土节目。2005 年，ESPN 杂志在中国大陆出版。

（2）NBC 公司

NBC 公司在新闻网络和体育节目上均非常有优势。NBC 在中国进入的主体是商业题材专业网 CNBC。CNBC 财经电视台是全球公认的一流财经媒体，每周一至周五，CNBC 实行 24 小时直播，其亚太总部在

新加坡，在中国是限制性进入。2003 年 4 月，CNBC 财经电视台与上海文广新闻传播集团缔结合作关系，与第一财经合作制作每天晚间的《环球第一财经》，同时还合作打造深度访谈节目、合作时尚节目，并建立了自己的网站。

（3）CBS 公司

CBS 公司非常注重国际市场扩张，其国际收入占到年收入的 15% 左右。CBS 公司 2010 年收入的 15% 来自于国际市场，2009 年收入的 14% 来自于国际市场，2008 年收入的 16% 来自于国际市场。CBS 公司进入中国市场主要为与其母公司 VIACOM 相关的两个主题——音乐 MTV 和儿童台 Nickelodeon。

2012 年 2 月，作者访问 NBC 总部

MTV 进入中国的尝试开始于 1995 年，目前形式有两种：一种为 MTV 制作的部分节目在地方台播出；一种为在中国实现限制性落地。1995 年成立北京办事处，其旗下的 MTV 全球网即开始以与中国开展节目交换的形式进入中国，同年获得了在中国 500 万户三星级以上酒店和涉外小区的落地权。2003 年 4 月，经国家广电总局批准，MTV 中国频道落地广东省，成为第一个落地中国内地的国际电视品牌。2005 年 7 月 1 日，随着国内电视媒体的进一步打开和政策开放，VIACOM 集团旗下最知名的 MTV24 小时音乐频道进一步成功地在广州有线网和深圳有线网落地，即 MTV 在中国的整体落地仅限于涉外宾馆和广东地区。MTV 中国频道在中国也实现了内容本土化，内容不但融合了全球的节目资源和制作力量，其中还特地制作适合广东年轻观众口味的粤语类音乐节目和资讯。

Nickelodeon 进入中国最早开始于制作和分销合作协议。2001 年 5 月 1 日 Nickelodeon 通过与国内民营的唐龙国际传媒合作，将面向 8—14 岁儿童、以教育节目为主的尼克国际儿童频道中的《尼克知识乐园》引入中国，最早有 102 家电视台播放相关节目。唐龙在合作协议中负责分销 Nickelodeon 节目，Nickelodeon 负责制作节目，唐龙向 Nickelodeon 交纳版权费。2003 年，尼克国际儿童频道与中国中央电视台签订合作协议，央视青少频道专门开辟半小时播送其相关节目，并由上海声像独家发行节目 DVD 和 VCD。

VIACOM 进入中国的成功表现为它尝试与中国本土电视台开展内容创作本土化合作。例如，2004 年 9 月与北京电视台签订制作联盟协议，合作制定适应本地观众需要的音乐和娱乐类电视节目。2004 年 11 月 3 日，按照当年 3 月签订的协议，VIACOM 旗下的尼克儿童频道与上海文广新闻传媒集团双方成立合资公司“上海东方尼克电视制作有限公司”，将为中国观众量身制作本土化的儿童节目，然后在全国 30 多个有线电视频道中播出。之后，还将在世界 100 多个国家的 69 个频道播出，把中国的传统故事和人物做成节目介绍给世界观众 。值得注意的是，Nickelodeon 在中国市场的进入仍没实现整体落地，通过合作制作公司制作一些节目在一些有线电视频道播出。

2004 年 3 月，VIACOM 董事长雷石东先生访华，并在清华大学做了题为《赢的激情》的演讲（田驰 摄）

VIACOM 注重中国市场对于新媒体利用，VIACOM 公司将通过百度向中国观众提供 MTV 及 Nickelodeon 儿童频道的节目。

为配合中国市场的本土化运营，VIACOM 还注重辅助性资源投入活动: 1999年9月,VIACOM公司赞助了在美国举行的“中国文化周”的主题活动。2009年，美国VIACOM集团欲在中国内地选址建设在中国的首个派拉蒙主题公园，这成为该集团全球布局的一个重要步骤。派拉蒙主题公园与迪斯尼、环球影城并称是世界上三大主题公园。

（4）FOX电视网络

从20世纪80年代中后期开始，FOX电视网络首先通过旗下的21世纪福克斯电影公司与中国取得良好关系。新闻集团旗下的21世纪福克斯公司向中国中央电视台提供了包括《音乐之声》、《巴顿将军》等在内的50多部影片。现在，21世纪福克斯公司摄制的《泰坦尼克号》、《星球大战》等影片早已为中国观众所熟悉。

然后，新闻集团循序渐进地安排在中国进入：90年代，其与华人合作的凤凰卫视开始进入。1999年3月，新闻集团北京代表处成立，次年，STAR TV在上海设立代表处。2001年，全资收购的星空卫视获准在中国广东落地，这也是中国首次将有线网落地权授予一个全新的境外频道。新闻集团还以STAR TV为原型打造出星空传媒集团。后者持有凤凰卫视（8002，HK）37.56%股权，为其第一大股东。STAR TV特别是凤凰卫视的节目都已经进入内地许多省市，落地覆盖范围非常广。

FOX和相关母公司新闻集团在中国市场的进入特点为落地覆盖范围广，内容和分销本土化程度都较高，它之所以能成功规避中国政府管制，关键之处在于与华人合作。

2000年11月，新闻集团董事长兼首席执行官默多克到人民日报社做客，白克明社长向默多克赠送纪念品（刘福明 摄）

（5）CW

CW作为一个新兴电视网在中国进入不多，所以本文重点研究时代华纳公司。HBO作为时代华纳下属有线和卫星电视网络，在中国是仅通过卫星方式进入涉外宾馆。

国家地理频道（National Geographic Channel，简称 NGC）是由美国国家地理学会于 1997 年成立的一个制作与播放以自然、科学、文化与历史纪录片的付费电视频道。在亚洲地区则与星空传媒合资，于台湾、香港等地皆有播出。但是在中国大陆，一般民众或业者不能自行接收，中央电视台与该频道有合作关系，会选购部分节目以普通话翻译加上中文字幕于央视所设世界地理频道播出。2000 年 10 月，国家地理频道获准通过卫星向中国内地的各电视台传送节目素材，这使得亿万的中国观众能够欣赏到由国家地理频道呈现的高品质纪录片节目，载体为中国大陆 20 多家地方有线频道设立每天一小时的栏目精选——寰宇地理。2002 年 9 月，国家地理频道与中央电视台联袂合作，首次跨国直播《埃及古墓揭秘》现场考古特别节目，2006 年，国家地理频道联手中央电视台共同合作推出了两个小时的《故宫》国际版。在分销渠道上，也是整体落地涉外宾馆，同时部分节目进入中国播放媒体，除中央电视台外，其余合作方均为地方有线媒体。

CNN 作为新闻网在中国也是有限落地于涉外宾馆。

时代华纳对于中国的传媒市场投资非常活跃，在互联网、电视运营、影视制作、院线建设多个领域，积极布局，但失败案例多。时代华纳曾

2012 年 2 月，作者访问美国华纳时代公司

投资中华网、华娱电视、联想，均以失败告终。2006年在华建立的独资传媒公司——陕西时代华纳传媒有限公司挂牌运营，首次由中国公民担任负责人；2009年时代华纳（中国）控股有限公司挂牌运营，下设时代华纳传媒营运中心和华纳梦工场营运中心两个机构，主要负责新媒体业务、影视制作、发行、演员经纪业务；目前正在大力投资院线，2004年起联合万达在30多个中心城市投资“华纳万达”国际影院，均由万达投资建设，华纳提供全面的技术服务和管理。同时，还与中影集团以及横店集团正式签约，组建中影华纳横店影视有限公司。中影华纳横店是自近期国家广播电影电视总局允许投资者成立中外合资的电影制作及发行公司之后，境外影视机构首次涉足中国内地的影视制作和发行。

表6-36 美国广播电视网进入中国的经验

电视网类别	进入主体	题材	进入时间	内容本土化	分销渠道本土化	进入方式	其他平台利用	合作伙伴
ABC	故事片、脚本和写实记录、新闻、儿童动画、颁奖典礼	娱乐内容		无		迪斯尼海外分销公司出口进入	多平台：电视、宽频、移动	北京电视台
	小神龙俱乐部	幼儿	1994	内容本土化创作，原创与自制节目（动画片和互动节目），中国主持人	中国40余个城市电视台负责发行和播放安排	契约性合作	建立本土化官方网站	
NBC	CNBC亚太频道	财经	2003	亚太地区打造，非中国内容本土化创作	限制性进入广东地区，国外企业分销渠道的完全本土化		建立本土化官方网站	
	《环球第一财经》、《亚洲管理》等各类节目	财经		内容本土化创作	不涉及，借用国内的上海东方卫视	契约性合作		上海文广传媒集团
CBS	MTV	音乐	1995	内容本土化创作	限制性进入广东地区，国外企业分销渠道的完全本土化		建立本土化官方网站	
CBS	MTV节目	音乐		内容本土化创作	非本土化	契约性合作		与北京电视台合作制定适应本地观众需要的音乐和娱乐类电视节目
	Nickelodeon尼克知识乐园	8—14岁儿童教育	2001—2003	非本土化	非本土化，中国代理公司负责在国内分销和电视台播放	契约性合作		唐龙公司

（续表）

CBS	半小时节目		2003	非本土化	非本土化			中央电视台少儿频道播放
			2004.11	本土化	非本土化，借助中国有线电视台播放	合资公司		与上文广为中国观众量身制作本土化的儿童节目
国家地理频道	整体	自然、科学、人文和历史	2000	一定尝试	限制性本土化落地		宽频播放	
	部分节目			一定程度本土化	部分传送，节目素材在地方电视台落地转编			2011 年，优酷作为合作伙伴
HBO				非本土化	限制性本土化落地			
CNN				非本土化	限制性本土化落地			

美国广播电视网在中国本土化经营的启示突出表现为以下几点：

（1）本土化不是一蹴而就，而是循序渐进，典型的案例是 MTV 频道和 Nickelodeon 频道。

（2）本土化一般都需在当地市场选择一个合适的合作伙伴。

（3）从内容本土化创作分析，广播电视网也是在发挥既有资源优势和获取新资源勘探使用之间获得平衡。包括 MTV、CNBC、国家地理频道在内的内容创作战略均是一方面充分发挥已积累的核心内容资源，另一方面借助中国当地合作伙伴进行本土化开发。

（4）从分销渠道本土化进入分析，由外国企业承担播送环节一体化是中国国内政策不允许的，或者以节目为交易单位进入有线电视或广播电视网，或者整体通过卫星实现有限制的进入。

6.8.2 中国

（1）中央电视台

中央电视台下设中国国际电视总公司，由中国国际电视总公司全资

中国电视长城平台落地美国五周年之际，已有二十四个频道落地美国，用户数达到八万人（孙宇挺 摄）

设立的中视国际传媒，其主营业务是集成中国内地、中国香港和境外优秀电视频道向世界各地去传播。中央电视台在美长城平台共有 6 个频道，其中 2 个纯英语和 1 个西班牙语，这是一种语言本土化策略。特别是 CCTV-NEWS 在本土化打造中取得了一定成就，其在美国的各类节目与 CCTV 新闻频道内容完全不一样，并且已经开始雇用外籍播音员，显示出国际化气息，旨在吸引美国主流观众，使其了解中国。此外，还有 3 个中文频道：戏曲、娱乐和电影频道，这三个中文频道并没有根据美国市场进行内容本土化创作，所以主要吸引的是美籍华人。

（2）湖南电视台

在全球，湖南卫视已经进入日本、澳大利亚、新西兰和美国的普通家庭。湖南电视台的国际经验分成单纯节目进入和频道进入两种方式。

单纯节目进入开始于 1989 年，它同日本滋贺县琵琶湖电视台签订协议交换电视节目和互办电视周，举办《日本国滋贺电视周》，向对方的《新年特别节目》提供《万家灯火庆元宵》等专题节目。1992 年，有三个不同类型的板块节目被日本琵琶湖电视台采用，并安排在新年播出，三个板块是：湖南概括、湖南节日、民歌荟萃。这是首次主体地、全方位地集中在一个外国电视台播放湖南节目，吸引了中国留学生和日本观众的兴趣。湖南电视台还与美国科罗拉多州合作，合作意向包括：相互提供一定数量的广告在各自节目中播放；在条件具备的情况下，为对方提供一定数量的内容健康的文艺、外语教学节目；相互派出专业人员进行管理、操作和培训；外国电视台帮助湖南电视台实现装备现代化，为引进先进技术设备提供方便；建立两年一次的会晤制度，交流广播发展信息和办台经验。

湖南电视台节目的另一种进入方式是通过长城平台将其专门打造的湖南卫视国际频道进入到国外市场。湖南卫视国际频道的节目针对美国本土化适应非常低，以24小时为一统计时间，表演比赛、艺术文化、电影电视剧全都来自于湖南卫视国内节目，仅有3个半小时段的《华人一时间》是针对美国华人的节目。且国际频道语言为汉语。另外，湖南卫视也缺乏专门的国际事业发展机构，这说明目前湖南卫视的国际资源能力较弱。

（3）上海广播电视台

上海广播电视台以东方卫视频道为载体进入到长城平台，在长城平台播放语言是汉语，因此频道主要定位是美籍华人。但对比国内东方卫视节目，尽管国外东方卫视10个时间段内也有电视连续剧，但内容编排为迎合美籍华人需求做了一定本土化适应，包括了增进《洋厨房》、《文化中国》、《世界文化讲坛》和《天地英雄上海榜》。

同时，集团下第一财经一直与诸多国际传媒机构合作，并与CNBC缔结了战略合作伙伴关系，实现了财经节目通过卫星进入国际知名电视网全球电视平台播放。《中国财经简讯》通过卫星连线，每天5次在CNBC全球电视平台播出。目前，《中国经营者》节目在CNBC亚太频道每周播放15次，在其全球频道每周播放14次。

此外，上海广播电影电视集团下设上海五岸传播有限公司，是专门从事国内外节目发行、节目代理和节目订制合作的子公司，国际销售已触达30个国家和地区，形成一个较具国际专业性的营销流程体系。

（4）北京电视台

以北京卫视国际频道进入长城平台。国际频道播放语言为汉语，但内容播放与北京卫视大相径庭，国际频道播放内容根据美籍华人的需求特点，荟萃了北京电视台各频道的精华节目，挑选了中医、饮食、学汉语、旅游、中外文化交流的《时尚秀》、《书香文化交流》等优质节目。由此可见，在内容编排上有一定的本土化适应。

（5）浙江广播电视台

浙江广播电视集团以浙江国际频道进入长城平台，其播放语言是汉语，因此该频道的发展定位为——为海外华人华侨及懂中文的国外观众开设一个综合性中文电视频道。浙江国际频道编排一方面利用浙江广播电视集团9个电视频道的丰富节目资源，例如将《我爱记歌词》、《新娱乐在线》、《大侦探西门》和《爱情连连看》这些受国内观众喜爱的节目直接放到国际频道播放；另一方面，也尝试内容本土化创作，本着“让世界了解浙江，让浙江走向世界”的宗旨，浙江国际频道在充分调查海外受众需求的基础上，开设《黄金时间》、《浙江制造》、《风雅钱塘》、《亚妮专访》、《中国游》、《太湖神韵》、英语新闻《浙江这一周》等19个贴近生活、服务受众的栏目。《黄金时间》通过每日的记者连线，迅速播发本省、全国以及世界各华人主要旅居地的各类新闻，成为首个真正做到全球华人新闻当天采制、当天播发的省级广播电视栏目。《黄金时间》荣获2009—2010年度欧洲“最受华人喜爱的电视栏目”称号。《发现浙江》定位于浙江海归创业。《中国游》属于旅游栏目，采撷大江南北的神州风采，展现古往今来的华夏文明。表6-37也再次说明，浙江国际频道一天节目中电视剧所占时间比例很高，美国观众本土化打造主要体现在新闻时事和较小的休闲美食、中医、旅游等栏目，但所占时间比重非常低。2011年4月，还专门推出介绍中华民族节日风俗的专题节目《我们的节日》。

（6）江苏广播电视台

江苏国际频道播放语言主要为汉语，但每天都会有两次英语播放的

表 6–37 中国国内省级电视台在长城平台播放内容的统计

	湖南卫视国际频道	CCTV–NEWS	上海东方卫视	北京卫视国际频道	浙江国际频道	江苏国际频道
生活综艺类表演比赛	11		45 分钟		2 次，爽食赢天下	
电影电视剧	3		2 个半小时		15 次，750 分钟	
新闻时事	3 次，华人一时间	31 次	2 个小时 15 分钟	4 次 * 25 分钟，北京新闻	5 次，100 分钟，黄金时间	5 次，中文和英文新闻
艺术 / 文化	2 次	3 次，文化快车，Journeys in Time	文化中国，30 分钟；世界文明讲坛，30 分钟	3 次，文娱播报		5 次，艺术文化和万家灯火
教育 / 科学		88 次				
纪录片		2 次，Rediscovering China				3 次，
语言		2 次，Learning Chinese		3 次，学汉语		
休闲美食		1 次，Travelogue	洋厨房，30 分钟；人气美食，1 个小时	19 次（含休闲、美食、中医、旅游）	1 次，旅行者；2 次，高诊无忧，厨星高照；3 次，生活一点通	2 次，中国旅游
介绍地区文化、社会 / 经济			天地英雄上海榜样	18 次，书香北京、城市、BTV 秀场等	太湖神韵、浙江制造	5 次，长江视野和江南
音乐 / 芭蕾						3 次，乐行者

新闻。在内容本土化打造中，也比较注重其他频道的艺术文化、纪录、旅游、社会经济等主题节目的引入。

综合看来，中国主流电视台仅中央电视台、上海广播电影电视集团有专门负责海外拓展的公司。建立全英语播放频道的只有中央电视台 1 家。所以中国主流电视台在美国国际经验还比较欠缺，所服务对象主要以美籍华人或懂中文的美国人为主。

另外，中国各电视台通过长城平台进入到外国市场。长城平台在美国的进入一种是通过美国直播卫星，这在一定程度限制了国内电视台对美国观众收看中国节目的经验的了解；另一种是通过美国麒麟网基于 IPTV 的进入，由于美国麒麟网覆盖程度有限，所以对美国本土观众收看行为的了解应该是不够的。

表 6-38 长城平台内的国内电视台播放语言统计

	中央电视台	湖南卫视国际频道	上海东方卫视	北京卫视国际频道	浙江国际频道	江苏国际频道
英语	2 个					扬子新闻用英语播放
汉语	3 个	1 个	1 个		1 个	1 个
西班牙语	1 个					
经营国际业务的专门机构	中国国际电视总公司和中视国际传媒		上海五岸传播有限公司			电视台下属海外拓展部

细分各主流电视台在国外经营的主体经验，六个主要电视台都非常重视新闻时事播放，因此说明其对美籍华人目标群体应该是不用做年龄细分的。此外，除浙江国际外，其他都注重在艺术文化方面特色的打造；除湖南卫视国际频道外，其他都注重将休闲、美食、中医、旅游节目融入到国际频道。由此可见，主要电视台都强调将中国文化特色引入到国际频道，这也使得在这个题材方面内容略显重复。值得称赞的是，上海、北京、浙江和江苏注重地域文化和经济的交流。CCTV-NEWS 和江苏国际还注重纪录片，北京和 CCTV-NEWS 有学中文节目。

6.9 小结

本章以美国主流广播电视网和中国主要电视台为研究对象，围绕频道进入资源、内容产品资源、股权为基础的资源、财务资源实力、多功能经验、观众资源知识、新技术经验和国际经验八个方面，开展了中美广播电视企业资源能力的比较分析。本研究获得以下结论：

（1）中国企业距离美国广播电视网差距最大的资源能力体现为：频道进入资源、股权为基础的资源、财务资源实力和中国企业在美国深层次进入的国际经验。频道进入资源作为产权为基础的资源受美国政府管制，影响难以短时间提高，而股权为基础的资源和财务资源实力严重不足与中国企业化改制时间短、资本运作能力不足，国家缺乏相应政策支持有密切关系，所以这类资源的改善需要国家从制度和法律政策上予以扶持。

（2）横向比较，中国企业在内容产品资源、多功能经验、新技术经验方面与美国广播电视网也有一定差距：内容产品资源着重体现为缺乏世界级制作公司；多功能经验也体现为缺乏世界级出版商、影响力大的有线电视网；新技术经验体现为主题电视网络购物支持不够和虚拟网站、社交网络资产开发不足。但纵向比较，中国企业在制作能力、多功能经验和新技术技能积累上已有很大进步，与美国广播电视网的差距正在慢慢缩小。

第7章

中国广播电视产业在美国本土化战略构想

7.1 本土化战略类型的选择　7.2 本土化战略具体部署

7.3 战略联盟的设计　7.4 本土化战略的辅助环节支持

7.5 小结

7.1 本土化战略类型的选择

根据第3章理论框架，制度环境因素和企业资源能力因素将在企业本土化战略类型选择中起绝对性影响作用。第5章进行了中国广播电视企业在美国经营的竞争环境分析，第6章对中美两国主要广播电视企业的资源能力因素进行对比分析。根据第5章和第6章的分析结果，本章将进一步展开分析，给出中国广播电视产业在美国本土化的战略构想。

7.1.1 美国制度环境所需要的本土化战略类型

制度环境分成正式制度和非正式制度两大方面。美国正式制度环境主要体现为政府管制和技术规定两方面。美国联邦通信委员会作为广播电视产业的管理机构，在市场准入和外国企业所有权上的政策法令为中国企业设置了很高的进入壁垒。

（1）正式制度环境所决定的分销本土化战略类型选择

表 7–1 美国正式制度环境对本土化战略选择的影响作用

制度环境	政策法令	属性	所倾向的广播电视产业分销本土化类型
市场准入	限制公司所拥有的电视台数量来促进竞争	限制新进入企业的频道资源发展，降低了广播电视台播送环节规模经济可能性的获得	借助美国已有电视网进入
	视觉分部颁发执照	对能否经营电视台有一票否决权影响	处于许可证获得和时间节约考虑，中国必须选择本土化程度最低的广播电视分销进入模式
	广播电视经营执照时间长，3 年建设 + 执照许可	延长了新进入者进入美国广播电视市场的进入时间	
对外国所有权的限制	执照颁布对象有国籍要求：公司中非美国公民所拥有的股权不超过 20%	纯粹中国国籍企业无法进入	中国国内企业必须选择本土化程度最低的分销进入模式；借助合作伙伴进入；借用美籍华人以广播电视网进入方式进入
技术标准	2009 年 6 月 12 日，全国全服务电视台都是采用数字格式传送信号		技术标准达不到的中国广播电视企业必须选择借用外国全服务电视台进入美国市场

上表分析说明，美国广播电视产业经营的正式制度环境管制非常严，因此中国国内企业要进入到美国电视产业就需选择本土化程度最低的广播电视分销进入模式，即以节目为交易单位委托美国本土广播电视网络进行播放；中国国内企业还可以选择不以广播电视网进入的方式，而是卫星电视或者 IPTV 方式。此外，为规避美国国内对外国国籍企业严格的管制，中国还可以利用美籍华人以广播电视网进入。

（2）非正式制度对本土化战略类型选择影响

非正式制度主要体现为文化和消费者偏好方面。

表 7–2 美国非正式制度环境对本土化战略的影响作用

非制度环境类别	特点	对战略类型内在属性的影响作用	所倾向的内容本土化战略类型
语言差距	与美国主流人群语言差距大	要求语言改进和适应	英语配音和字幕的内容本土化
	与美籍华人语言差距小	不要求产品语言改进和适应	不需本土化改进
	与美国主流人群生活方式、习俗、思想观念等方面相差很大	以美国主流人群为对象的产品适应和改进能力要求高	本土化节目创作和编排
消费者对电视剧偏好	美国主流人群喜欢的电视剧题材与中国主流人群喜欢的电视剧题材相差很大，中国越来越多的年轻人喜欢看美剧，这也反映了美国文化的强势影响	以美国主流人群为对象的产品适应和改进能力要求高	本土化节目创作和编排

从中美非正式制度差距对本土化战略类型选择来看，以美籍华人或懂汉语的美国人为目标群体，则内容本土化程度可以低，甚至可以不进行英语配音和字幕；但若考虑进入美国主流观众群体，中美文化差距大将迫使中国广播电视企业不得不开展内容本土化的创作和编排。

7.1.2 中国企业资源能力决定其所能适用的本土化战略类型

第 6 章围绕中美广播电视企业资源能力展开了较为详细的比较，通过这些比较，本研究发现中国广播电视企业资源能力弱于其美国竞争对手，围绕第 3 章资源能力影响的指标体系，研究获得下表：

表7–3 中国广播电视产业资源能力水平现状对本土化战略类型选择的影响

资源能力类别	中国广播电视产业资源能力较弱的表现	对战略类型内在属性的影响作用	所倾向的内容本土化战略类型
频道进入资源	频道进入资源有限：在美国国内只有长城平台和麒麟网 中央电视台频道数最多34个，其他省市最多14个 央视国外覆盖9个，其他省级台国内覆盖最多3个，进入长城平台仅1个	传播和发行环节规模经济无法利用，需要降低资源承诺水平的投入；缺乏美国主流市场信息的采集	选择完全依靠美国实力负责播送的低本土化分销类型和低程度内容本土化战略的可行性高
股权为基础的资源	收购几乎不发生，企业化改制仅有10年经验	发行和制作环节规模经济低，降低资源承诺水平。实现产品适应性改进能力弱	选择完全依靠美国实力负责播送的低本土化分销类型和低程度内容本土化战略的可行性高
内容产权资源	国内制作实体名气和实力不够，制作出受美国本土观众欢迎的类型电视剧的资源能力也比较弱	产品适应性改进能力弱	低程度内容本土化
财务资源实力	弱：全国收入仅能与一家美国广播电视网的母公司财务实力相匹配	降低企业高水平资源投入的可能性	选择完全依靠美国实力负责播送的低本土化分销类型和低程度内容本土化战略可行性高
多功能经验	相对于美国电视网，多功能经验时间短	不大利于品牌资源共享的范围经济形成，降低美国市场承担较高资源投入水平战略的可能性	低程度的内容本土化
新技术经验	新技术经验使用还不够丰富：仅中央电视台、湖南、北京、上海、浙江可以手机观看 只有湖南卫视可以提供网络游戏 网络购物所购物品均不是电视节目衍生的物品	范围经济发挥得非常有限，不利于品牌效应，降低高资源投入可能性	近期选择低程度内容本土化战略可行性高
国际经验	7年经验，非常欠缺 借助长城平台和麒麟网，无法进入到美国主流市场	经验短，对美国主流市场信息了解有限，降低了国内广播电视企业对美国主流市场进行产品适应性改进能力	选择低程度分销本土化战略可能性大

上表清楚地说明，从频道进入资源、股权为基础的资源、内容产权资源、财务资源实力、多功能经验、新技术经验和国际经验七方面资源能力分析，中国广播电视产业七方面的资源能力现实水平都绝对落后于美国广播电视产业，所以中国资源能力水平要求低程度本土化战略，即分销完全依赖于美国广播电视网和不进行内容本土化创作模式更为有效。

7.1.3 制度因素和资源能力因素交互作用下的选择

（1）制度因素和资源能力因素对分销渠道本土化选择具有同向性作用

制度因素研究指出，正式制度中联邦通信委员会严格管制，需要中国企业采取完全依赖于美国实体的低程度分销模式，而资源能力因素指出，中国广播电视企业在频道进入资源、股权为基础资源、财务资源实力、国际经验四方面相对于美国本土竞争对手有很大差距，所以中国广播电视企业资源能力水平决定了完全依赖于美国实体的低程度分销模式是当前最合适的选择。

制度因素和资源能力因素的综合作用验证了当前中国广播电视产业进入美国市场的分销渠道战略的合理性。国内各电视台在中视传媒统一运作下将频道打包进入长城平台，面对美国严格的制度管制，长城平台采用两种方式进入：一种是 2004 年 10 月 1 日通过艾科斯塔直播卫星平台，22 个中国卫星电视频道在美国落地，即卫星进入的方式；另一种是 2007 年 1 月 1 日，长城（美国）平台与麒麟电视合作，以 IPTV 模式在美国境内播出 23 个中国电视频道，这是一种 IPTV 的合作方式。这两种分销渠道策略均属于中国国内企业借助国外覆盖、传送和落地的低本土化分销模式。再如，民营企业开创的蓝海电视网，采取的是借助当地有线电视网进入，这也是一种国外企业播送一体化的模式，即本土化程度最低的模式。

由此可见，正式制度和资源能力因素共同同向作用决定了当前中国广播电视产业进入美国市场只能借助国外企业播送一体化，而这是一种本土化程度最低的分销策略，具体含有三种模式：

模式一：国内企业利用美国卫星平台或有线电视网进入。

模式二：国内企业利用美国合作伙伴以 IPTV 模式进入。

模式三：国内企业利用美国主流广播电视网进入。

目前中国企业对于第三种模式尚未开展尝试，即选择美国主流广播电视网，使本国制作节目借助美国主流广播电视网进入到广播电视市场。而这种模式的可行性在于：美国 MTV、Nickelodeon、迪斯尼、国家地理频道等与中央电视台、上海电视台、北京电视台在中国有良好的合作关系，而这些频道本身都与美国主流广播电视网是关联方，所以中国广播电视企业可以利用这种良好的合作关系将其引入到美国市场。

从长远看来，随着中国企业股权为基础的资源和财务资源实力不断增强，可以与美国主流广播电视网展开股权基础上的战略联盟，通过新建或并购获取合资播送企业进入美国市场，从而以较小股权实现播送分离甚至是参与播送一体化这种高程度的本土化分销。但前提是资源能力的提高和合资企业中国股权最好不超过 20%。

（2）制度因素和资源能力因素对内容本土化选择具有复杂作用

从资源能力角度，围绕股权为基础的资源、内容产权资源、财务资源实力、多功能经验、新技术经验和国际经验六方面资源能力，中国广播电视产业都绝对落后于其在美国市场的最大竞争者——美国本土主流广播电视网，因此资源能力不足制约中国广播电视企业只能选择最低程度的内容本土化战略。

然而，从中美非正式制度差距对本土化战略类型选择来看，必须按照所服务的目标群体差别对待。以美籍华人或懂汉语的美国人为目标群体，则内容本土化程度可以低，甚至可以不进行英语配音和字幕；但若考虑进入美国主流观众群体，中美文化差距大将迫使中国广播电视企业不得不开展本土化节目创作和编排，即选择最高程度的内容本土化战略类型。

综上，当中国广播电视产业以华裔为目标客户进入美国市场时，资源能力因素和制度环境因素有同向作用，它青睐于低程度内容本土化战略，甚至可以不做语言适应性改进。当前中国长城平台中各省级电视台的内容策略就是一种非本土化改进策略，因为它们服务的是美国懂汉语的群体，由此说明，目前长城平台在美国的以华裔为目标客户群的低程度本土化战略是比较合理的。

当中国广播电视产业欲进一步进入美国主流市场时，当中国广播电视产业选择美国主流观众为其目标客户时，文化等非正式制度环境客观需要选择高程度内容本土化创作战略，但中国广播电视产业资源能力不足决定了其暂时无能力采取高程度的内容本土化创作战略。所以资源能力因素和制度环境因素产生了两个相反作用。

从长远看，中国广播电视产业要提高其在美国市场的价值，服务于美国英语群体的主流观众是必然选择。尽管中国企业当前资源能力还无法满足内容本土化创作战略的要求，但是从动态角度，长远而言，中国企业在相关资源能力的提高方面是有潜力的，因此长期内容本土化创作战略具有可行性（具体见表 7–4）。

至此，本研究为中国企业进入美国市场本土化战略设计提供了不同时间阶段的可行战略类型。短期内，以美国华裔或懂中文观众为目标客户，在内容创作上采取低程度本土化，基本不做内容再创作；在分销上选择卫星进入或 IPTV 进入，或者选择美国当地广播电视网进入到广播电视市场。长期内，以美国英语群体的主流观众为目标客户，在内容提供上采取完全针对美国主流消费者需求特点的本土化创作。

7.2 本土化战略具体部署

第 3 章指出，组织能力理论认为，企业国际市场价值创造实质是公司现有资源的有效利用和高效新资源的探勘两种学习过程的动态平衡。中国广播电视产业随着资源能力实力的不断增强，最终将选择最

表 7-4 中国企业长期采取内容本土化创作的可行性——资源能力的潜力

资源能力分类	表现	所作用本土化内在属性	对中国广播电视产业本土化的战略含义
内容产品产权	国内地位领先的电视台基本都具有相关联电影电视制作公司	国内已具备基本的产权内容产品，这有利于规模经济发挥，具备一定的内容创作能力，但与美国市场的竞争对手——主流广播电视网相比仍有一定差距	随着内容制作能力上升，逐步选择高程度的内容本土化创作具有可行性
	2010 年最受观众欢迎的10大电视剧排行榜，省级广播电视局相关制作中心出品共有 5 部		
	我国省市制作节目关注社会经济、民生、文化热点、明星参与访谈、家庭、平民选秀和高档选秀； 中国比较受欢迎剧集的题材主要为家庭	美国本土消费者偏好与国内消费者偏好不一样，中国广播电视台制作出受美国本土观众欢迎的电视剧类型的资源能力也比较弱，国内电视台针对国内市场较充足的内容产权可能会抑制其面对国外市场的开发新内容产品的积极性	制作出受美国本土观众欢迎的电视剧类型的资源能力也比较弱，降低内容本土化创作战略类型的选择，所以需要政策引导和鼓励
多功能经验	湖南和浙江有一定的景点开发，在品牌共享的范围经济发挥上有一定优势	品牌效应不断扩大，范围经济会进一步提高，选择高资源承诺投入可能性增加	随着经验积累，朝高程度——内容本土化创作战略升级可能性大
新技术经验	各电视台在新技术发展上比较重视； 能够满足在线观看的功能； 湖南卫视和上海电视台新技术经验积累较丰富，设有专门机构	长远，范围经济应该会得到进一步发展	随着经验积累，朝高程度——内容本土化创作战略升级可能性大
国际经验	与国外电视台节目互换开始较早，湖南电视台与日本有 20 余年历史	有与国外电视台合作经验	学习美国，利用国外合作伙伴，以节目为单位的合作和开展针对美国主流市场的本土化设计，降低了本土化节目创作的资源投入门槛，从而获得高程度内容本土化进入可能性
	中央电视台、上海电视台和北京电视台都与美国传统广播电视网有基于中国市场的合作关系	有合作经历，可以间接帮助中国电视台了解美国主流市场观众收看行为，降低了国内广播电视企业对美国主流市场进行产品适应性改进能力	
	目前长城平台中国节目内容主题以新闻和有特色文化为主		发挥中国现有的内容资源特色； 对长城平台所含电视台内容进行优化组合

高程度的内容提供本土化战略——本土化节目创作战略。如何具体打造本土化内容，本研究认为应该是在充分发挥中国现有核心资源的有效利用基础上去迎合美国英语群体观众的需求。从战略角度看，应是优势发挥型战略。

7.2.1 美国英语观众群体的需求

第 4 章从钻石体系角度指出了中国当前产业竞争力的优势环节，特别是提出生产要素禀赋中的中国文化特色，中国广播电视产业要打造发挥自身优势的本土化内容，必须抓住美国观众对中国电视节目最关注的热点问题。

为此，研究选择了 75 位美国非华裔观众，借助 E-mail 展开问卷调查，75 位调查对象的人口统计特征见表 7–5。由于技术手段有限，调查对象以高校群体为主，所以尽管男女比例比较理想，职业和年龄细分都有一定失衡。但该研究成果应该能在一定程度上反映美国观众对中国电视节目的偏好。

表 7–5 调查对象的人口统计分布

		人数	占调查人数百分比
按性别	男	36	48%
	女	39	52%
按职业	学生	62	82.67%
	其他	2	2.67%
	教授	11	14.67%
按年龄细分	小于 18 岁	1	1.33%
	19—25 岁	61	81.33%
	26—35 岁	3	4%
	36—45 岁	7	9.33%
	46—55 岁	3	4%

（1）关于是否观看过英语语言的中国电视节目，所有调查对象均选择“是”，这说明美国观众对中国电视节目有兴趣。

（2）关于对中国最感兴趣的领域

由于研究样本代表性不是太好，所以关于“对中国最感兴趣的领域”这个关键问题的调查，研究做了信度检验。信度检验主要体现测量结果的一贯性、一致性、再现性和稳定性。信度分为“外在信度”和“内在信度”两大类，外在的信度主要是指对于不同的时间进行的调查，测量的结果能否一致，一般采用重复调查来验证问卷的外在信度。内在信度则有很多的计算方法，在本研究调查中，采用的是 L.J.Cronbach 所创的 α 系数方法。对于 Cronbach's α 值没有统一的标准，但根据 NLnInally（1978）所建议的信度标准，Cronbach's α 值至少要大于 0.500，且最好能大于 0.700 的信度标准。因此，本研究中使用的 Cronbach's α 值的标准为 0.500 以上。研究显示，共有 75 份有效的调查问卷，检验的信度结果是 0.565，高于 0.500，可见各变量的信度在可接受范围之内，内部一致性比较好。

表 7-6 75 位调查对象对中国文化打分的平均值

不同类别平均值	儒家	经济和社会	中国美食	旅游	中国艺术和历史	汉语	功夫
女性	2.85	7.05	7.92	7.54	5.51	5.41	8.87
男性	2.56	7.22	7.97	7.69	5.14	5.36	10.00
教授	4.09	8.00	7.27	7.82	6.00	6.27	7.36
学生	2.39	6.92	8.00	7.60	5.21	5.24	9.76
其他职业	5.00	8.00	10.00	7.00	5.50	5.00	10.00
低于 19 岁	1.00	6.00	8.00	10.00	4.00	3.00	10.00
19—25 岁	2.41	6.93	8.00	7.56	5.23	5.28	9.75
26—35 岁	4.00	7.67	8.00	8.00	5.33	6.67	7.00
36—45 岁	4.29	8.29	6.86	7.86	6.29	6.00	7.43
46—55 岁	4.33	7.67	9.33	7.00	5.67	5.67	9.33
整体	2.71	7.13	7.95	7.61	5.33	5.39	9.41

该项调查采取的打分形式，得分“1”表示一点不感兴趣，得分“5”表示不是特别感兴趣，得分“10”表示特别感兴趣，其他分值表示居于中间。7分表现为感兴趣。综合打分结果，7分以上的共有4项，其中功夫得分最高，其他依次为中国美食、旅游和经济社会。

（3）关于所偏好的电视节目类型调查

表7-7 75位调查对象所偏好的中国电视节目类型

	新闻	纪录片	游戏节目	综艺节目	电视剧	体育
份数	52	35	40	42	13	27
整体	69.33%	46.67%	53.33%	56%	17.33%	36%
女性	64.10%	48.72%	76.92%	79.49%	28.21%	15.38%
男性	75%	52.78%	27.78%	30.56%	5.56%	58.33%
教授	100%	90.91%	9.09%	18.18%	36.36%	18.18%
学生	62.90%	37.10%	62.90%	64.52%	14.52%	37.10%
其他职业	100%	100%	0	0	0	100%
低于19岁	0	0	100%	100%	0	100%
19—25岁	63.93%	37.70%	62.30%	63.93%	14.75%	36.07%
26—35岁	100%	100%	33.33%	33.33%	33.33%	66.67%
36—45岁	100%	100%	0	14.29%	28.57%	14.29%
46—55岁	100%	66.67%	0	0	33.33%	33.33%

该调查是多项选择，综合看来美国观众感兴趣的电视节目类型依次为新闻、游戏节目、综艺节目和纪录片。

（4）关于观看中国电视节目方式的调查

表 7-8 75 位调查对象观看中国电视节目的方式

	传统广播电视	有线电视	按次计费	录像观看	互联网上观看	移动电话观看
份数	6	36	3	4	65	4
比例	8%	48%	4%	5.33%	86.67%	5.33%
女性	10.26%	41.03%	2.56%	5.13%	94.87%	7.69%
男性	5.56%	55.56%	5.56%	5.56%	77.78%	2.78%
教授	36.36%	81.82%	9.09%	9.09%	63.64%	0
学生	3.23%	43.55%	1.61%	3.23%	90.32%	6.45%
其他职业	0	50%	50%	50%	100%	0
低于 19 岁	0	0	0	0	100%	0
19—25 岁	3.23%	43.55%	1.61%	3.23%	90.16%	6.56%
26—35 岁	0	33.33%	33.33%	33.33%	100%	0
36—45 岁	57.14%	85.71%	14.29%	14.29%	71.43%	0
46—55 岁	0	100%	0	0	33.33%	0

该项调查允许多项选择，综合看来，美国观众观看中国电视节目选择互联网观看和有线电视观看方式的居多，而选择传统广播电视方式较少，这与前文提出的美国主流群体观看美国电视节目的方式有显著不同，同时也说明长城平台在美国的影响力较弱。

第 6 章分析中国主要电视台在美国经营的节目类型时指出，新闻时事播放是唯一一个 6 个主要电视台都设置的节目类型，因此中国电视台在新闻类型上积累的经验应该较为丰富，另外在生活综艺类节目类型上，湖南国际、上海东方卫视和浙江国际也积累了比较丰富的经验，所以内容本土化打造中的节目类型以新闻、综艺类节目为主在资源能力上应该具有可行性。

同时，从中国主要电视台在美国播放的节目主题分析，美食旅游、地域社会经济、艺术是许多电视台提供的必选主题，这与美国观众对中国感兴趣的主题包括中国美食、旅游和经济社会的偏好行为有一定适应性。但是值得注意的是，目前中国电视台在功夫主题提供的内容还比较欠缺。

由此可见，中国在美国高程度内容本土化创作战略具体内容可以建议为：定位于美国主流观众群体，充分发挥中国经济文化资源的特性，并注重同美国经济文化价值观相融合，开发出适合美国主流观众胃口的电视节目。

7.2.2 本土化战略分阶段安排

至此本研究认为，中国广播电视产业在美国内容提供本土化战略可以分成三阶段：

第一阶段，缝隙市场：以美籍华人或懂汉语美国人为目标观众。

采取较低程度的内容提供本土化战略，内容可以不做适应性调整。

分销模式上采取低程度分销本土化，国内企业或者通过长城平台基于卫星进入或者通过长城平台借助美国合作伙伴以 IPTV 模式进入、或者利用美国当地有线电视网较为合适。

第二阶段，逐步扩大目标观众群体，以对中国文化感兴趣的美国人为目标观众。具体包括：关注或研究对华关系的美国政界人士和学者；对中国有商业兴趣的国际商界人士及相关人员；使用中国产品、希望到中国旅游、对中国文化感兴趣的美国家庭；华人华侨；在中国工作和学习的外国人。

节目提供：根据美国当地观众对中华民族感兴趣的偏好，充分发挥中华民族丰富的文化资源和文化遗产优势，围绕当代社会经济热点、历史传统民俗、各地名胜古迹、地方特色美食和功夫这些特有主题，通过新闻类型紧密报道当代中国社会经济热点，关注美国在中国国内的跨国公司，策划专题节目予以报道；借助综艺类节目和纪录片介绍中华民俗、旅游胜地、地方特色美食；通过综艺类节目和竞技优秀等题材介绍中国功夫，切实满足对中国文化感兴趣的美国消费者目标群体需求，为其提供最大的观赏价值。

在节目具体运作上，节目语言采用英语，节目编排和制作尊重美国编排策略和风格，节目选题注重美国人的时效性和美国人对中国文化关注的要点，例如不同日期、不同节气的民族节日和民族风俗做到日期对应，春节当天就介绍春节等：选择美国人感兴趣的书籍和艺术作品进行介绍；更重要的是通过美国人的参与缩短中国节目在美国观众认知中的距离感。这种参与形式可以是引用美国知名主持人参与到新闻播放或综艺类节目中；在书籍、艺术作品等介绍中引入美国本土评论家的观点；在旅游胜地、地域特色、风俗民俗专题节目或综艺节目中邀请美国家庭参与；甚至还可以获得美国电视网知名节目的版权，打造中国版节目。

节目制作理念、节目形式与包装等都采取西方电视表达方式，符合西方观众的收视习惯。即不仅语言是英语，而且表达方式是美国式。在节目制作理念上，强调客观、中立、尊重事实，没有政治主张，不宣传意识形态，不为政治服务，非官方民间立场。

该阶段是属于内容本土化创作，它是种高程度的内容本土化提供，需要中国企业针对美国市场全新创作或改编电视节目。

目前，美籍华人开创的蓝海电视正在朝这个方向努力。

分销模式上，鉴于国内企业第一阶段的两种低本土化进入方式在美国影响力有限，无法获得美国主流观众的观看行为，所以此时应配以一种新进入模式，即国内企业与美国主流广播电视网建立战略合作关系，利用合作伙伴电视网所属电视台来播放本国自制节目。此时，尽管仍是低本土化程度的分销，但由于同美国主流电视网构建了战略联盟关系，所以可以利用联盟对美国本土观众信息有较好的把握。

第三阶段，当中国广播电视企业利用民族丰富的文化资源吸引了美国观众，中国广播电视节目在美国具有一定影响力，中国广播电视产业资源能力不断增加后，全球经营视野也更开阔，此时有实力以全球视野在美国经营，瞄准中国文化和美国乃至全球文化的冲击和融合，例如遍邀中外时尚达人，营造谈话秀场，融汇最尖端的国际视野、时尚话题和激情表演。这也是一种内容本土化和标准化相结合的创作，不需要针对美国市场专门全新打造，而是抓住美国和欧洲等主流市场特点打造一些区域共同产品，但需要中国广播电视产业在欧洲、亚太等美国以外市场也取得一定成功经验后才能采取。

分销渠道本土化战略的建议：由于美国广播电视管制还是比较严格，对外国参股仍有20%的原则上限，但考虑到此时中国广播电视企业资源能力有了很大的提高，所以可以考虑以较小股权实现播送分离甚至是参与播送一体化这种高程度的分销本土化。

7.3 战略联盟的设计

中国广播电视产业的内容本土化创作战略成功的关键要素有两点：一是对现有资源知识的充分发挥，上文根据中国资源能力优势潜力结合美国部分观众调查结果，提出了优势发挥的本土化节目创作战略，该战略与“现有资源知识的充分发挥”关键要素有一致性；二是探勘高效新资源。前文分析指出中国广播电视产业在频道进入资源、内容产权资源、多功能经验、新技术经验和国际经验、股权为基础资源、财务实力资源上与美国电视网有差距，只有获得更多的高效新资源才能确保其本土化战略成功，而基于战略联盟的合作是从外部获得有效资源的最好途径。

7.3.1 良好战略合作伙伴的选择条件

一个良好的战略联盟合作伙伴选择应该满足以下三个条件：能够帮助本企业实现自己的目标；与联盟伙伴对于联盟发展有着共同的愿景；在合作过程中不会为了自身利益而滥用机会主义行为。

“能够帮助本企业实现自己的目标”意味着联盟合作伙伴应该具有

中国本土广播电视企业所不具备的资源能力优势，而且由于当前中国广播电视产业本土化经营目标是获得美国英语观众群体的收视率，而传统的卫星进入和借助麒麟网进入都无法使得中国企业掌握美国主流观众具体收视行为数据。第4章分析指出，美国广播电视网是美国收视率覆盖最广和影响力最大的电视网，美国消费者观看电视多样化和两极化行为说明只有通过强大的广播电视网才能在美国观众群体中获得一定知名度，所以选择在美国具有很高收视观众人数的广播电视网作为联盟伙伴更为合适。

第二个条件“与联盟伙伴对于联盟发展有着共同的愿景”强调的是联盟合作双方具有共赢的发展目标，即不仅中国广播电视企业可以从联盟缔结中受益，而且美国合作方也可以从联盟中受益。这实则反映出联盟双方对联盟目标有着一致清晰的认识。

第三个条件“合作过程中联盟一方不会为了自身利益而发生机会主义行为”，同时认为，在技术许可的战略联盟中，采取交叉技术许可可以规避机会主义行为。借助这个思想，本研究认为，如果联盟双方均拥有对方估值高的关键资源并能在联盟合作中彼此提供，则机会主义行为产生的概率将减低到最小。由于中国广播电视企业内容资源、新技术资源和多功能资源能力水平都绝对低于美国同行，唯一独特的资源优势应是对中国观众积累的特有资源，但这种资源只有进入到中国且与中国企业有合作经历的广播电视网才会给予较高的价值认可。

综上，按照上述三个条件，已进入中国市场且与中国企业有合作经历的美国主流广播电视网将是比较合适的战略合作伙伴。

7.3.2 战略联盟合作双方的构想

目前在中国有合作关系的美国媒体企业为迪斯尼、COMCAST、VIACOM，它们在中国地区的合作情况如下表：

表 7–9 美国广播电视网与中国的合作

集团	相关联的广播电视网	合作频道或节目	国内合作对象	合作方式
迪斯尼	ABC	小神龙俱乐部节目	40 多个电视台	未合作本土化，节目整体播出
		ESPN	星空卫视	体育本土化节目创作
COMCAST	NBC	CNBC 财经有线电视网	上海电视台	合作打造深度访谈节目、合作时尚节目
VIACOM	CBS	MTV	广东和深圳有线网	在中国广东和深圳有线网播出
			北京电视台	合作制订适应本地观众需要的音乐和娱乐类电视节目
		Nickdoleon	中央电视台	央视青少频道专门开辟半小时播送
			上海电视台	为中国观众量身制作本土化的儿童节目

由此可见，迪斯尼、VIACOM 和 COMCAST 将是中国广播电视产业选择战略合作伙伴的重点，而从三大国际传媒巨头在中国合作深度来看，研究认为 VIACOM 和 COMCAST 应该是对中国市场更为看重的，因为它们已在中国市场展开了本土化合作，那么中国相关广播电视网也可以与其构建基于美国市场的双向联盟。现将这两个国际传媒巨头下属的广播电视网 CBS 和 NBC 情况再做整理，以探讨其与中国部分电视台资源互补的可能性。

表 7-10 三个主流广播电视网的优势比较

资源类别	NBC 优势	CBS 优势	ABC 优势
产权为基础的资源			
附属电视台合约	2001 年不断增加，仅次于 ABC，频道进入资源丰富		附属电视台合约比较多
电视台数目		股权拥有电视台数目多	
股权发展	广播、有线电视和内容公司数目最多		
高排名内容的产权		内容资源丰富，收视率高	
电视网新闻节目的产权	NBC 在新闻网络资源排名上就一直很稳健		
企业财务资源实力	COMCAST 集团财务资源丰富	VIACOM 成员，同时自己又是上市公司	迪斯尼成员，集团收入高，且利润率最高
知识为基础的资源			
多功能技能			迪斯尼主题公园最具知名度
国际经验	所属 CNBC 与上海电视台合作打造财经节目	分别与北京、上海和中央电视台合作打造 MTV 和 Nickdoleon 节目	与多个电视台合作，但合作未本土化
	与多个电视台，但合作未本土化		
观众经验	吸引的观众家庭收入最高，同时年龄结构比较合理	目前年龄大而普通收入观众经验积累较多，但 CBS 和 VIACOM 的合并将帮助 CBS 更好地进入到较年轻一代的观众群体	
新技术经验	母公司 COMCAST 的主营业务为有线服务和节目，并新设立了互动的在线数据观看平台——XFINITY		

在美国市场合作可以选取的中国电视台建议：

可供选择的主体：选择条件——选择已完成公司化改制可以较正规企业化运作的广播电视集团，最好是有过合作基础。

主体选择建议一为单一公司——公司制运作历史较长，有一定资本合作和联盟合作经验，例如湖南广播电视总台、上海广播电视总台、蓝海电视网。

主体选择建议二为美国运营联盟——由国家有关机构出面，效仿美国 NBC、FOX 和 ABC 共同出资构建 HULU 平台的做法，设立一个中国广播电视产业美国运营联盟，要求湖南、上海、浙江等各省企业化运作较完善的广播电视集团注入部分特色频道资源，由该运营联盟同美国广播电视网构建战略联盟合作伙伴关系。该运营联盟最好是种较紧密的联盟。

可以选择的美国广播电视网合作伙伴建议为 CBS 或 NBC。具体分析如下：

（1）以 COMCAST 下的 NBC 为合作对象——基于新闻主题或年轻人群体

由于 NBC 在新闻网络资源排名上就一直很稳健，同时 COMCAST 下属 CNBC 网是全球知名财经网，而中国节目进入美国的内容重点之一是新闻经济题材，所以新闻经济主体开发选择 NBC 合适。

NBC 集中服务于收入水平较高的观众，年龄结构合理，这意味着其目标观众群体范围更为广泛，因此与第二阶段中国内容本土化战略的目标群体有一定重合度。

此外，NBC 母公司 COMCAST 是美国最大的有线服务商，在互联网观看和视频观看上也非常有经验。所以中国借助与 COMCAST 合作，可以使自己节目在美国落地多样化。

而且，COMCAST 的长期使命在于，不仅仅是分销，同时还是娱乐、新闻和体育节目的创造者。所以这也决定 NBC 在娱乐上会有更大的发展投入。

中国拟建议合作方：

◎ 若不设立运营联盟，则五个主要省级电视台中上海广播电视台下设频道主题种类最为丰富，同时也是专门开设外语频道的省级电视台，说明上海卫视吸引观众群体年龄更为广泛，收入相对较高，在外国观众上也应积累了一定经验。再加上，上海电视台本身在国内与 CNBC 有合作经验，因此可以进一步拓展为上海电视台和 COMCAST 在美国市场的合作，合作对象为 NBC 网络。此外，中央电视台、北京电视台等在新闻、社会经济节目上有优势的电视台也是合作的重点。

◎ 若设立运营联盟，应该以运营联盟为合作方。运营联盟应设立社会经济题材分联盟，主要由中央电视台、北京电视台、上海电视台等有经验积累的电视台投入相关新闻和经济节目制作资源。

◎ 如果意欲与 NBC 开展基于娱乐、休闲等综艺类节目合作，此时选择的合作方建议为湖南、浙江和江苏三地的广播电视台的相关节目资源。因为湖南卫视发展理念是“快乐中国”，以青年人为自己的主要目标观众群体，而浙江和江苏两地的广播电视集团这几年的综艺节目也做得非常有起色。

（2）以 CBS 或 VIACOM 为合作对象

CBS 频道进入资源丰富，节目收视率高，制作出受美国观众喜欢的电视节目和电视剧集能力都是最强的，自身也是上市公司，财务实力丰厚，而且在中国与上海、北京和中央电视台都有合作关系，所以它对中国合作伙伴应该是更加重视。因此，中国广播电视产业选择以 CBS 或 VIACOM 为合作对象联盟基础应该更牢固，中方可以利用 CBS 的电视节目制作技能、知名电视制片人打造出美国式风格的反映中国文化特色题材的节目，并利用知名电视演员、主持人的智力池缩短美国观众对中国节目认知的距离感。

由于 CBS 一直与北京电视台、中央电视台和上海电视台有着合作关系，合作经验主要积累在音乐和儿童节目。美国人对中国功夫很感兴趣，功夫可以作为教育主题打造，中国各民族有独特的地域民乐和舞蹈，所以中国电视台也可以选择 CBS 开展在美国市场如何发挥中国特有娱乐、功夫教育、历史艺术教育方面的本土化节目打造合作，甚至可以引入 MTV 或 Nickdoleon 中高收视率节目版权，在美国人最偏好的节目架构中设计中国版特有的历史艺术文化知识，吸引美国消费者注意力。

合作层次遵循的路径是节目合作向频道合作的战略联盟升级。因为，在中国频道商业化运营是政府所鼓励的。

7.4 本土化战略的辅助环节支持

7.4.1 知识要素投入

中国广播电视节目要获得美国观众认可，中方必须把与内容、背景和风格相关的知识介绍给美国观众，即在美国市场进行相关背景知识和"中国品牌信誉"的投入。以下几种投入方式都是可供使用的。

投入方式一：利用战略联盟互助合作关系，直接在美国主流电视网所播放的美国产权节目中获取专门时间段引入介绍中国节目内容、背景和风格相关的知识，创建中国"品牌"信誉，中国广播电视产业还可以直接与国内相关旅游名胜地构建门户网站， 在美方产权节目中通过抽奖方式，为美国人提供到中国旅游的机会。

投入方式二：借助中方和美方丰富的其他媒体经验，利用跨国传媒集团的报纸杂志专题报道和宣传介绍，提高中国电视节目内容背景知识在美国受众心目中的影响度。

投入方式三：美国广播电视网都有相关联的丰富新技术经验，中国主要省级广播电视台也都具有基于互联网的技术经验，所以可以通过电视节目抽奖或互联网生产的附加产品、文化主题产品来提高美国消费者对中国电视节目相关内容和知识的了解度。

7.4.2 组织机构本土化支持

第 3 章分析指出，高程度的内容本土化需要组织机构本土化的一定支持，其中人员也应该实现一定程度本土化。第 5 章分析美国文化环境时指出，美国与中国在权利距离和个人主义尺度方面相差很大，尺度高低对人力资源管理和组织设置、决策方式的含义完全不一样。表 7-11 说明不同文化尺度作用下中国和美国组织结构管理风格不一样，它对中国广播电视产业在美国经营的组织机构本土化具有很强的指导意义。广播电视产品是种创造性产品，因此中国广播电视产业要成功实现高程度内容本土化，吸纳美国员工是基础，同时中国广播电视企业家还需有全球化视野，培养跨文化知识。在美国的管理应该按照表 7-11 的建议从人力资源管理、领导风格和组织设计各方面做到对美国文化的适应。

表 7-11 中美不同工作场所价值观的企业管理含义分析

	美国（低权利距离 + 高个人主义）	中国（高权利距离 + 低个人主义）
管理层选择标准	个人特性和能力	社会阶层出身，高校背景
培训	个人成就的一般技能	关注公司基本技能
晋升和考核标准	工作业绩	顺从、信任，晋升慢，年限重要
领导风格	鼓励员工主动性，较少直接监管，根据个人绩效奖赏分明	紧密监管居多，强调义务
组织设计	分散，扁平金字塔，柔性	高金字塔，层级领导

7.4.3 政府支持

中国广播电视产业在美国的本土化战略是个长期的、任务艰巨的战略推动过程，战略的成功推进需要企业自身资源实力的不断提高和对战略坚持实施，由于企业自身资源实力的不断提高有赖于整个产业竞争优势的不断增强，它需要政府在尊重企业市场化运作行为的同时，给予必要的支持和扶持。围绕前文提出的战略具体部署路径、战略对企业资源能力的要求及中国广播电视产业竞争优势中的不足因素，研究整理出支持体制如下：

（1）战略实施的途径是寻求合适的美国广播电视网作为合作伙伴。美国广播电视网在中国国内的经营是要受到中国政府管制和行业制约的，所以政府对美国广播电视网在国内进入行为的管制应该具有国际国内互动关联的视角，寻求一个合适的管制力度，既能对美国电视网在国内经营进行合理管制，同时也不能压制美国电视网在华经营的兴趣和积极性，刺激其愿意与中国国内电视台在美国市场展开相关合作。

（2）政府大力鼓励广播电视台（企业）改制为公司。中国企业相对于美国企业股权为基础的资源能力极其薄弱，在钻石体系要素中又提到企业竞争结构中网台矛盾、行政管制严重、市场化意识不强的弱点，这均不利于企业的国际竞争。所以国家应该鼓励广播电视台改制为公司，使其成为自主经营、自负盈亏的公司法人，并在此基础上，进一步鼓励企业改制上市，鼓励其利用资本市场获得更多的资金，这可以有助于企业股权为基础的资源能力和财务资源实力提高，也可以增强企业通过资本市场快速积累新技术经验和多功能经验的能力。同时，公司制的身份更容易受到美国电视网青睐并将其作为合作伙伴。所以，国家应支持相关频道的资本运作，鼓励大型企业整合。蓝海电视作为民营企业，其商业模式有合理性，但缺乏新技术经验和多功能经验，所以国家应该鼓励民营电视企业的上市。

（3）本土化战略强调以中国文化特色节目产品吸引美国主流观众

注意力，它的前提是美国国民对中国文化、经济社会的兴趣，所以从国家层面进行国家文化展示和攻关，对中国文化宣传也是极为必要的。

（4）中国利用新技术经验尽管有了很大进步，但与美国竞争对手相比仍有差距。第3章探讨钻石体系的政府因素时，指出在新技术发展上，中国政府主管机构分离，信息网络技术由工信部管理，广播电视由国家广播电影电视总局管理，而美国是联邦通信委员会对电信网、互联网和电视网实行统一管理，这更有利于广播电视网新技术经验的推广。所以中国今后应该考虑成立专门管理机构将这不同类型网的管理合二为一。

（5）钻石体系指出广播电视产业相关和支持产业发展能力不强，旅游、教育产业自身薄弱，这需要政府大力扶持关联产业的发展。特别是本土化战略重视旅游节目打造和功夫学习节目，所以政府应鼓励广播电视企业和国内线下实体行业的战略联盟，例如广播电视公司和地方旅游局的战略联盟。

7.5 小结

本章首先根据第3章的本土化战略选择因素框架集，围绕美国制度环境特点、中国企业与美国企业资源能力差距的实际情况，探讨了战略类型的选择。并在此基础上，结合问卷调查所识别的美国主流观众的节目需求偏好，对本土化战略展开具体部署。考虑到中国企业相关资源能力的不足，研究还对中国企业在美国本土化战略实施途径之战略联盟进行设计构想，最后还探讨了辅助环节的支持建议。

第8章

总结和研究展望

8.1 总结

8.1.1 主要结论

本书综合运用国际商务理论和国际市场营销理论，并吸取了基于企业资源能力的战略观和基于制度因素的战略观，对广播电视产业海外经营本土化战略类型、特点和战略的选择、实施路径安排进行了探讨。并在此基础上，结合中国广播电视产业竞争优势特点、美国竞争环境特点和中美广播电视企业资源能力差距，制订了中国广播电视产业在美国本土化战略安排。综合各章，所取得主要结论如下：

（1）在本土化战略的理论分析上，抓住广播电视产品和服务的特性，分析出广播电视产业显著的规模经济和范围经济特性，指出广播电视产业经济特性的商业含义要求：企业一方面需要努力创作收视率高的产品，另一方面应努力打造多业务经营的媒体集团和实施多市场的同时经营。然后借助国际商务理论和国际市场营销理论，给出广播电视产业本土化概念，围绕内容创作和发行两个环节对本土化类型进行创新性划分，并针对内容本土化和分销渠道本土化开展了内在属性分析，认为不同类型的内容本土化突出体现为产品适应性改进程度、资源投入要求和成本降低三方面不同的内在属性；不同类型的分销渠道本土化突出体现为编排自主性、目标国观众经验积累、资源投入水平和进入时间快慢四个不同方面。

（2）以基于资源的战略观和基于制度的战略观为理论基础，提出了影响广播电视产业海外本土化战略选择的因素框架集，详细探讨了各因素的具体影响作用机制。其中，所探讨的资源能力因素包括频道进入资源、内容产权资源、股权为基础的资源、财务资源、管理者才能、新技术资源、多功能经验、观众经验和国际经验。所探讨的制度因素集中为政府管制和文化差距。研究指出，内容产权资源和新技术资源所起的作用比较复杂，应该结合目标国市场特性进行分析；观众经验对于目标市场选择起影响作用。在此基础上，研究提出八种不同程度的内容本土化和分销本土化的组合策略，并分别探讨不同组合策略所对应的匹配条件，包括资源能力水平条件、所适合目标国环节特点、辅助环节支持、所适合企业类型和战略实施难点五方面。

（3）鉴于发展中国家广播电视产业资源能力很弱不适合高程度内容本土化，但有的发达国家环境却有本土化要求的客观实情，研究运用组织能力理论和价值链分析方法提出战略联盟是发展中国家广播电视产业在发达国家市场经营本土化的有效途径，并探讨了战略联盟存在的合理性和从理论上设计了具体的运作方式。

（4）对中国广播电视产业国际化经营开展了案例分析，选择了中央电视台、长城平台和蓝海电视进行比较分析，归纳出当前经营的缺点，主要体现为：中文节目为主导致目标观众范围窄和影响力不大、落地方式本土化低和未深入到国外主流观众群体、国内与国外合作范围仅局限于制播之间的合作。

（5）运用波特国家竞争优势理论对中国广播电视产业国际竞争力展开要素分析，研究指出，中国产业优势体现为文化资源丰富；劣势集中体现为：资金和人才缺乏、省级电视台的规模经济不足、缺乏一流的内容制作公司、相关和支持产业提升效应不够、企业竞争的市场化意识不足和市场运行活力不足、政府行政管理较严和缺乏相应的法律制度支持。

（6）对美国市场从市场环境、行业结构作用力、消费者行为、文化环境和政府管制环境五方面展开分析。研究显示：美国是全球最大的广播电视产业市场，因此对中国企业应该具有重要战略意义。美国广播电视产业结构作用力显示，广播电视网之间竞争激烈和新进入者壁垒高，这为中国企业进入设置了障碍。消费者多样化观看行为需要中国企业进入美国主流广播电视网；美国观众偏好的节目和中国观众喜欢的节目类型不一样及文化环境中显示的中美价值观差异，需要中国广播电视企业在美国市场进行高程度的本土化节目创作。文化环境中的中美工作场所价值观的五种尺度差异，说明中国企业在美国经营必须在组织结构和人员管理上实现本土化适应。政府管制环境严格说明中国企业选择国内企业播送一体化的高程度分销本土化可行性低。

（7）以美国主流广播电视网和中国主要电视台为研究对象，围绕频道进入资源、内容产品资源、股权为基础的资源、财务资源实力、多功能经验、观众资源知识、新技术经验和国际经验八个方面，开展了中美广播电视企业资源能力的比较分析。研究发现，中国企业距离美国广播电视网差距最大的资源能力体现为：频道进入资源、股权为基础的资源、财务资源实力和中国企业在美国深层次进入的国际经验。频道进入资源作为产权为基础的资源受美国政府管制影响难以短时间提高，而股权为基础的资源和财务资源实力严重不足与中国企业化改制时间短、资本运作能力不足、国家缺乏相应政策支持有密切关系。研究同时发现，中国企业在内容产品资源、多功能经验、新技术经验方面与美国广播电视网也有一定差距，但纵向比较，这三方面资源能力成长得较快，与美国广播电视网的差距正在慢慢缩小。

（8）根据第3章的本土化战略选择因素框架集，围绕美国制度环境特点、中国企业与美国企业资源能力距离的实际情况，探讨了中国企业在美国本土化战略构想。研究给出“三阶段”本土化部署。

（9）围绕三阶段战略部署，按照前文理论框架，对中国广播电视产业实施本土化战略所需采取的战略联盟进行设计。研究认为已进入中国市场且与中国企业有合作经历的美国主流广播电视网将是比较合适的战略合作伙伴，并对迪斯尼（ABC）、VIACOM（CBS）和NBC三个电视网资源能力优势进行归纳比较，在合作主体、合作领域和合作方式

表 8–1 中国企业在美国本土化战略构想的“三阶段”本土化部署

	目标观众群体	内容本土化	分销	其他支持
第一阶段	美籍华人或懂汉语的美国人	较低程度的内容提供本土化战略，内容不做强制性适应	低程度：通过长城平台基于卫星进入，或者通过长城平台借助美国合作伙伴以IPTV模式进入，或者利用美国当地有线电视网较为合适	战略联盟、政府支持
第二阶段	以对中国文化感兴趣的美国人为目标观众	高程度本土化节目创作：充分发挥中华民族丰富的文化资源和文化遗产优势，节目制作理念、节目形式与包装等都采取西方电视表达方式	低程度分销：新添一种模式，与美国主流广播电视网建立战略合作关系	战略联盟、知识要素投入、组织机构本土化支持、政府支持
第三阶段	美国乃至更广泛的区域市场	全球视野的内容本土化和标准化相结合	分销本土化程度提高，以(20%)较小股权实现播送分离甚至是参与播送一体化	战略联盟，组织机构本土化支持、政府支持

方面进行构想。

（10）对中国广播电视产业在美国本土化战略的辅助环节支持进行设计，支持体系从知识要素投入、组织结构本土化支持和政府支持三方面探讨。知识要素投入系指在美国市场进行中国电视节目背景知识和“中国品牌信誉”的投入；组织结构本土化支持围绕中美文化在权利距离和个人主义两个尺度上的显著差异研究在美国实施人力资源管理、组织机构设置和决策方式的适应性改变；政府支持围绕前文提出的战略具体部署路径、战略对企业资源能力的要求及中国广播电视产业竞争优势中的不足因素，从政府管制的国际国内互动关联视角、对广播电视台企业化改制和市场化运作的大力推进、国家层面的中国文化公关、效仿美国联邦通信委员会设立三网合一的实质性统一管理部门、政府推动相关和支持行业发展五方面展开。

8.1.2 研究特色与创新之处

中国广播电视产业的国际化战略是个新兴经济现象，而本土化战略作为国际化战略中的一种更是中国广播电视产业国外市场经营实践中的一种新尝试。本研究特色和创新之处体现为以下几方面：

（1）国际商务领域的研究尚未对本土化战略搭建一个完整的理论框架和研究范式，更没有针对广播电视产业开展系统的本土化战略研究。本研究综合国际商务理论和国际市场营销理论，抓住广播电视产业在制作环节和播送环节的特殊经济属性，按照价值链环节的主要活动将广播电视产业本土化分成内容本土化和分销本土化两大环节，并对不同类型的本土化展开内在属性分析。

（2）吸取基于制度的战略观和基于企业资源能力的战略观思想，尝试提出影响广播电视产业本土化战略选择的因素框架集。这种将制度因素和企业资源能力因素结合分析产业本土化战略影响作用的理论分析思路是种前瞻性研究工作。

（3）以中国广播电视产业在美国市场经营为案例，首次开展了中美企业之间资源能力的比较分析。

（4）综合运用多种分析方法将本土化战略的因素框架集和SWOT战略分析思想相结合，为中国广播电视产业在美国本土化经营战略进行设计。具体方法包括：采用波特国家钻石体系理论识别中国广播电视产业层面竞争力中的优势和不足；从市场环境、波特的产业结构作用力环境、消费者行为、文化环境和政府管制环境五方面识别中国企业在美国经营所面对的机会和威胁；开展中美企业资源能力的比较分析以识别微观层面中国广播电视企业的竞争力，在此基础上，围绕文中所提出的本土化战略因素框架集和匹配条件，对中国企业在美国本土化战略进行构想。

8.2 研究展望

本研究在广播电视产业本土化战略领域做了一些探索性工作，并取得了阶段性研究成果，但仍有部分领域有待于在后续的研究中进一步深化和拓展。这些领域主要包括：

（1）由于中国广播电视企业国际化经营活动还处于起步阶段，同时又缺乏有效渠道以获得国际广播电视网微观层面的数据，所以能获得的数据不充分，无法对因素框架集的有效性展开实证检验。

（2）研究所提出的因素框架集到底会如何影响广播电视产业本土化战略绩效，这值得进一步深化研究。

（3）由于缺乏特别翔实的关于中国广播电视企业个体微观层面数据，所以无法选择一个典型广播电视台作为研究对象，围绕因素框架集开展详尽的实证设计。

（4）中国广播电视产业在欧洲的本土化战略选择与美国市场有哪些异同点，这也有待于后续研究。

附：调查问卷

Hi,

I am a lecturer at the school of economics in Wuhan University of technology, China. I am currently working on one working paper on the localization strategy on Chinese TV firms in foreign markets, which requires substantial amount information of American audience and also the American interest in Chinese culture.

To help me with my research, it would be of great pleasure if you could fill in my questionnaire on the topic. It consists of 10 questions (most of them multiple choice) and will take you less than 5 minutes to fill in.

(1) You are a and your nationality is ( )

a) Male b) Female

(2) Your age is

a) Under 18 b) 19-25 c) 26-35 d) 36-45

e) 46-55 f) 56 or above

(3) Occupation

a) Student b) Professor c) Other (tell us if possible)

(4) Would you like watch TV program in your spare time?

a) Yes b) No

(5) In what manner do you watch TV program (you can choose more than one answer)

a) On traditional broadcasting TV

b) On cable TV

c) PPV(pay per view)

d) Watching time shifted TV (DVR, e.g.)

e) Watching Video on internet

f) Watching video on a mobile phone

(6) In the following TV programs, what is your favorite? (One choice or multiple choices)

a) News

b) Documentaries

c) Game shows

d) Comedy shows

e) Drama

f) Sports

g) Other (define if possible)

(7) In the following table, what aspects of Chinese culture are you mostly interested in? From the choice "a" to choice "g", please mark your interest level to the following aspects of Chinese culture with the number from "1" to "10", e.g.: 1: not interest at all; 5: not specially interest; 7: interest; 10: very interest, and you can mark numbers in between of course.

Aspects of Chinese culture	Mark
a）Confucianism	
b）Economy and society	
c）Chinese food	
d）Tourism	
e）Chinese history， art	
f）Chinese language：mandarian and cantonese	
g）Kongfu	
Other aspects （define if possible）	

(8) Have you ever watch Chinese TV (presented in English) programs

a) Yes b) No

(9) In what manner have you watched Chinese TV (presented in English) programs (one choice or multiple choice)

a) On traditional broadcasting TV

b) On cable TV

c) PPV(pay per view)

d) Watching time shifted TV (DVR, e.g.)

e) Watching Video on internet

f) Watching video on a mobile phone

(10) What kinds of Chinese TV programs (presented in English) would you like to watch? (One choice or multiple choices)

a) News

b) Documentaries

c) Game shows

d) Comedy shows

e) Drama

f) Sports

g) Other (define if possible) (for example, education material)

Thank you! I'll appreciate if you can answer those questions.

参考文献

[1] AsiaTV aktuell: Asia-TV aktuell – Asiatische Filme und Dokus im deutschen Fernsehen, 2005. URL: http://jtxa.de/tv/, access on 20/02/2005.

[2] Barney, J. : Firm Resources and Sustained Competitive Advantage, *Journal of Management*. 1991.17(1): 99-120.

[3] Banerjee, I.: The Locals Strike Back? Media Globalization and Localization in the New Asian Television Landscape, 2002.64(6): 517-35.

[4] Bergmann, Christina: Die Manga-Generation, URL: http://www.dwworld. de / dw/article/0,1564,653279,00.html, access on 05/01/2005.

[5] Black, Janice A. & Kimberly B.: Boal Strategic Resources: Traits, Configurations and Paths To Sustainable Competitive Advantage Strategic Management Journal, 1994. Vol.15, 131-148.

[6] Broadcasting and Cable Television Industry, *DATAMONITOR*, 2010-7.

[7] Bruce: *The Murdoch Archipelago*. London: Simon and Schuster, 2003.

[8] Chalaby, J. : Transnational Television in Europe: The Role of Pan-European Channels, *European Journal of Communication*, 2002-17(2): 183-203.

[9] Chalaby, J. : The Quiet Invention of a New Medium: Twenty Years of Transnational Television in Europe, 2005, pp. 43-65, in J. Chalaby (ed.) *Transnational Television Worldwide*. London: I.B. Tauris.

[10] Chalaby, J. (ed.) *Transnational Television Worldwide: Towards a New Media Order*. 2005. London:I.B. Tauris.

[11] Chwen Chen and Cinzia Colapinto, Qing Luo, China Radio International in the Digital Age:Propagating China on the Global Scenario, *Global Media Journal*, Spring 2010, Volume 9, Issue 16.

[12] CNN.com. China tightens foreign TV Channels. [Online]. 2005.Available at:http://www.cnn.com/2005/WORLD/asiapcf/08/04/china.tv.ap/.

[13] Daphne Eilein Landers and Sylvia Chan-Olmsted: Assessing the Changing Network TV Market: A Resource-Based Analysis of Broadcast Television Networks, *Journal of Media Business Studies*, 2004.1(1): 1-26.

[14] David and William Crawley: *Satellites Over South Asia: Broadcasting, Culture and the Public Interest*. New Delhi: Sage, 2001.

[15] Daya Kishan Thussu: The 'Murdochization' of news? The case of Star TV in India, *Media, Culture & Society*, 2007, Vol. 29(4): 593-611.

[16] Delios, Andrew & Witold J. Henisz: Political Hazards, Experience and Sequential Entry Strategies: The International Expansion of Japanese Firms, 1980−1998. *Strategic Management Journal*, 2003, 24(11): 1153-1164. DOI: 10.1002/smj.355.

[17] Dickie, M.: China probes STAR TV-linked company, *Financial Times*, 2005, August (23)17.

[18] Doordarshan: A Model to Fund Public Service Broadcasting, 2006.URL (consulted January 2007): http://www.ddindia.gov.in/About+DD/DD+DCD/ddcd.

[19] EAO (European Audiovisual Observatory, 2005): Data Base on Admissions of Films released in Europe, URL: http://lumiere.obs.coe.int/web/search.php?lang=EN, access on 05/01/2005.

[20] Edward Altman, Sanjeev Goyal and S.Sahu: A Digital Media Asset Ecosystem for the Global Film Industry, *Journal of Digital Asset Management*, 2006(2), 6-16

[21] Esselink, Designing a Localisation Strategy for Tate Online: Requirements and Recommendations, 2005: 67

[22] Gary A.S. Cook, Naresh R. Pandit: Clustering and the Internationalisation Strategies of SMEs in the Media Industry, *International Journal of Globalisation and Small Business*, 2009, Volume 3: 306-330

[23] Ghose, Bhaskar: Doordarshan Days. 2005, New Delhi: Viking.

[24] Gopalakrishnan, Amulya: Doordarshan's Dilemma, *Frontline*, 2004: 21(13).

[25] Gornostaeva Face-to-face Interactions along the Production Chain and across Networks: A Study of the Film and Television Industry in London, *International Journal of Technology, Knowledge, and Society*, 2007-6 (7). pp. 45-54.

[26] Guo, Zhenzhi; Ollig, Stefan: Programme Exchange between Asia and

Germany (in Chinese), in *Journalism and Communication Review 2004*, Wuhan Publishing House, Wuhan, S. 2005:161-169.

[27] Gupta, Smita: Post-liberalisation India: How Free Is the Media? *South Asia: Journal of South Asian Studies*, 2005. 28(2): 283-300.

[28] Hofstede, Geert: Cultural Dimensions, 2005,URL: http://www.geert-hofstede.com, access on 17/02/2005

[29] Hong, Yin.: Meaning, Production, Consumption: The History and Reality of Television Drama in China, in Donald, Stefanie H. / Keane, M. / Hong, Y.:Media in China, London, S. 2005:28-40.http://pewglobal.org/reports/display.php?ReportID=247.

[30] Hu Zhengrong: Challenge und Opportunity: Status Quo of Overseas *TV Programs in the Market of Chinese Mainland; in M. Kops, St. Ollig (ed.): TV Programme Exchange between Germany and China*, 2005.

[31] Ian Weber: Commodifying Digital Television in China: A Socio-linguistic Analysis of Media Discourse, *Technology Deployment and Control New Media & Society*, 2010 (3)12: 289-308.

[32] Ian Weber: Digitizing the Dragon: Challenges Facing China's Broadcasting Industry, *New Media Society*, 2005(12) vol. 7 no. 6: 791-809.

[33] James G. Webster: Beneath the Veneer of Fragmentation: Television Audience Polarization in a Multichannel World, *Journal of Communication*, 2005(6):366-382.

[34] Jean K. Chalaby: Transnational Television in Europe The Role of Pan-European Channels, *European Journal of Communication*, 2002, Vol 17(2): 183-203.

[35] Jonathan Cohen: Global and Local Viewing Experiences in the Age of Multichannel Television: the Isareli Experience, *Communication Theory*, 2005(11):437-455.

[36] Jun Lan and Yingzi Xu:The Dilemma and Future of Chinese Provincial Satellite Television, *Journal of Media Business Studies*, 2005, 2(1): 1-22.

[37] Katz, Michael L.; Shapiro, Carl: Network Externalities, Competition and Compatibility, *American Economic Review*, Vol 75, No. 3, p. 424ff.

[38] Keane, Michael: Cultural Technology Transfer: redefining Content in Chinese Television Industry, in Emergences: *Journal for the Study of Media and Composite Cultures*, 2002-Vol. 11, No. 2, London, New York, S. 221-234.

[39] Keikoh Ryu: Strategic Localization for Japanese Corporations in China / Annals of University of Bucharest, Economic and Administrative Series, Nr. 3

(2009) 41-50.

［40］Kops, Manfred: German TV Programmes for China? Political Economy Perspective, *Arbeitspapiere des Instituts für Rundfunkökonomie an der Universität zu Köln*, Heft 2005.

［41］Kops, Manfred; Ollig, Stefan; Zhenzhi, Guo; He, Yong; Luo, Qing: Broadening Its Television Markets After Joining the World Trade Organization, Costs and Benefits for the People's Republic of China, DAAD Antragsschreiben,Köln/Beijing,2002.

［42］Krebber, D.: Europeanisation of Regulatory Television Policy: The Decision-Making Process of the Television without Frontiers Directives, 1989 to 1997. Baden-Baden: Nomos Verlag, 2002.

［43］Kunal Jindal，Future of US Broadcast Industry and Opportunities for IT Solution Providers, 2007.

［44］Li, Z.: Western Media Corporations' Risk and Strategies in Post-WTO China. Dissertation. Columbus, OH: Ohio Link ETD.［Online］. Available at: http://www.ohiolink.edu/etd/view.cgi?osu1100671766, 2004.

［45］M. Motta & M. Polo: Concentration and Public Policies in the Broadcasting Industry: The Future of Television，Economic Policy, 1997, interscience.wiley.com.

［46］Mattelart, A.: An Archaeology of the Global Era: Constructing a Belief, *Media, Culture and Society*, 2005, 24(5): 591-612.

［47］McChesney, R.W. : The Global Restructuring of Media Ownership, 2002. pp. 149-162 in M. Raboy (ed.) *Global Media Policy in the New Millennium*. Luton: University of Luton Press.

［48］McEvily, S. K., & Chakravarthy, B. : The Persistence of Knowledge-based Advantage: An Empirical Test for Product Performance and Technological Knowledge, *Strategic Management Journal*, 2001, 23: 285-305.

［49］McMillin, Divya C. : Marriages Are Made on Television: Globalization and National Identity in India. In Parks, Lisa/ Kumar, Shanti (Eds.): *Planet TV: A Global Television Reader*. New York: New York University Press, 2003: pp.341-359.

［50］Michael Keane: As a Hundred Television Formats Bloom, a Thousand Television Stations Contend, Journal of Contemporary China, 1469-9400, Volume 11, Issue 30, 2002, pp 5-16.

［51］Miller, D. & Shamsie, J. : The Resource-based View of the Firm in Two Environments: The Hollywood Firm Studios from 1936 to 1965, *Academy of*

Management Journal, 1996, 39(3): 519-543.
[52] Ollig, Stefan: The Broadcasting System of the Peoples Republic of China, in Kops, Manfred: Public Service Broadcasting for the People's Republic of China? 3. quarter 2005.
[53] Outfoxed: Rupert Murdoch's War on Journalism, directed and produced by Robert Greenwald (77 minutes). Distributed by Robert Greenwald Productions, 2004.
[54] Pan, Yigang and Xiaolian Li: Joint Venture Formation Strategies of Very Large Multinational Firms, *Journal of International Business Studies*, 2000, 31(1): 179-189.
[55] Pew Center: US Image Up Slightly, But Still Negative: American Character Gets Mixed Reviews, Pew Global Attitudes Project, 23 June.Washington, DC: Pew Research Center for the People and the Press. URL (consulted January 2007).
[56] Rahman, M. : STAR TV a Victim of Its Own Success in India, *South China Morning Post*, 2003, July 19: p. 14.
[57] Reuber, R. & E. Fischer: The Influence of the Management Team's International Experience on the Internationalization Behaviors of SMEs, *Journal of International Business*,1997, 28 (4), 807-825.
[58] Rohn, Ulrike: Media Companies and Their Strategies in Foreign Television Markets, 2004, http://www.rundfunk-institut.uni-koeln.de/institut/pdfs/18704.pdf.
[59] Scott, W. R. Institutions and Organizations. Thousand Oaks, CA: Sage, 1995.
[60] Star Group. About the Company: Transforming Asia's Media Landscape.2006, URL (consulted July 2010): http://www.startv.com/corporate/about/index.htm.
[61] Stefan Ollig: Chinese TV Programmes for Foreign Countries?A Consumer Theory Perspective, Working Papers of the Institute for Broadcasting Economics, Cologne University, 2005-9.
[62] Steven Berry: Free Entry and Social Inefficiency in Radio Broadcasting, *Rand Journal of Economics*, 1999-30(3):397-420.
[63] Sutton, Anderson: Local, Global, or National? Popular Music on Indonesian Television. In Parks, Lisa/ Kumar, Shanti (Eds.): Planet TV: A Global Television Reader. New York: New York University Press, 2003: pp.320-341.
[64] TAM Media Research: Television Audience Measurement. 2005. URL (consulted July 2010):http://www.tamindia.com/tamindia/index.htm.
[65] Three Screen Report, Nielson Company, VOLUME 8, 1st Quarter 2010.
[66] Tomlinson, John: Media Imperialism. In Parks, Lisa/ Kumar, Shanti (Eds.):

Planet TV: A Global Television Reader. New York: New York University Press,2003: pp.113-134.

[67] Ulrich, Adelt: Ich bin der Rock'n'Roll-Übermensch: Globalization and Localization in German Music Television, *Popular Music and Society*, 2005,Volume 28, Issue 3, pp.279- 295.

[68] Yu Guoming, Wang Bin: A Review of Media Economics Research of Year 2007 in Mainland of China; Journal of International Communication;2008-01.

[69] Yu-li Chang: Asian Journal of Communication, 1742-0911 From Globalization to Localization: The World's Leading Television News Broadcasters in Asia, Volume 11, Issue 1, 2001, pp.1-24.

[70] Yu-li Chang: The Role of the Nation-state: Evolution of STAR TV in China and India, *Global Media Journa*l, 2005:spring-10-22.

[71] 曹鹏，2003 年中国传媒业 20 个关键词，《新闻记者》，2004（1）：17-19。

[72] 常昌富，《大众传媒：影响研究范式》，北京：中国社会科学出版社，2000。

[73] 陈谦，我国媒介的“地方化”趋向，《当代传播》，2003：26-27。

[74] 崔保国，《2004—2005 年中国传媒产业发展报告》，北京：社会科学文献出版社，2005。

[75] 丁和根，《传媒竞争力——中国媒体发展和新方略》，上海：复旦大学出版社，2005。

[76] 丁俊杰、赵子忠，《问题结构与战略选择：中国广电产业发展研究》，北京：中国传媒大学出版社，2009。

[77] 董春，中国广播电视产业发展及空间布局的经济学研究，复旦大学博士论文，2006。

[78] 樊葵，并非杞人忧天——浅析电视的负面影响，《杭州师范学院学报》，1999（4）：98-100。

[79] 郭庆光、孟建主编，《媒介经济学案例分析》，北京：华夏出版社，2004。

[80] 郭镇之，继往开来——纪念人民广播事业 65 周年，《中国广播电视学刊》，2005（12）：14-15。

[81] 哈贝马斯，《公共领域的结构转型》，上海：学林出版社，1999。

[82] 胡正荣，《21 世纪初我国大众传媒发展战略研究》，北京：中国广播电视出版社，2007。

[83] 胡智锋、顾亚奇，中国电视内容生产的潮流和趋势，《中国广播电视学刊》，2006（1）：23-25。

[84] 华文，媒介影响力经济探析，《国际新闻界》，2003（1）：79-83。
[85] 黄辉，对农宣传需要政策扶持，《中国广播电视学刊》，2005（6）。
[86] 蒋为民，发展电视媒体服务的国际化、个性化、整体化，《上海综合经济》，2003（05）：21-22。
[87] 蒋选、杨万东、杨天宇，《产业经济管理》，北京：中国人民大学出版社，1984。
[88] 靳智伟、华明、卢锋，《南方博弈全球化语境下的电视竞争策略》，广州：南方日报出版社，2006。
[89] 李光斗，《品牌竞争力》，北京：中国人民大学出版社，2004。
[90] 李仕权，中国广播电视产业发展中的十个问题，《视听界》，2005（6）。
[91] 梁栋、吴涂涂，电视剧的三种生命曲线，《中国广播影视》，2006年（1）：53-54。
[92] 梁帆，《收视率在电视台节目经营管理中的作用研究》，北京：对外经济贸易大学出版社，2002。
[93] 梁昊光，传媒经济理论比较研究，《现代传播》，2002（2）：91，94。
[94] 梁毓琳，珠三角广播市场调查，《中国广播影视》，总348期，2004。
[95] 刘成付，《中国广播电视传媒体制创新》，广州：南方日报出版社，2007。
[96] 刘宏，广播电视集团：改变中国媒介的布局，《当代传播》，2001（5）。
[97] 刘洁，《主导协作博弈——当代媒介产业与政府关系》，武汉：华中科技大学出版社，2006。
[98] 刘洁，中国媒介产业布局与产业区域联合，《现代传播》，2006（3）。
[99] 刘立刚、卢颖、郑保章，《广播电视经营管理》，北京：中国广播电视出版社，2006。
[100] 刘雪颖，从媒介形态的质变看数字电视现状和发展，《当代传播》，2003（5）：11-12。
[101] 鲁瑛，论美国大众传媒业的现状与发展，福建师范大学论文，2004。
[102] 陆晔，《电视时代——中国电视新闻传播》，上海：复旦大学出版社，1997。
[103] 马惠宁，传播科技——Nll应用与问题，转引自徐佳士《新资讯德育文化涵义》。
[104] 彭维刚，《企业全球战略》，北京：人民邮电出版社，2007年。
[105] 迈克尔·波特，《国家竞争优势》，北京：华夏出版社，2004。
[106] 迈克尔·波特，《竞争战略》，北京：华夏出版社，2005。
[107] 孟建，面对全球化：中国广播电视业体制的结构性裂变与战略性重组，首届中国影视高层论坛，2003。

[108] 史忠良，《新编产业经济学》，北京：中国社会科学出版社，2002。
[109] 沈正赋，传媒核心竞争力及其影响要素解读，《声屏世界》，2004（9）：4-6。
[110] 苏东水，《产业经济学》，北京：高等教育出版社，2005。
[111] 汤聪，关于电视频道专业化改革的思考——广东南方电视台综艺频道的改版探索，《中国广播电视学刊》，2005（12）：47-48。
[112] 唐颖，我国媒体产业国际化经营的战略思考，《四川省干部函授学院学报》，2010（1）：10-13。
[113] 唐绪军，《报业经济与报业经营》，北京：新华出版社，1999。
[114] 王红蕾，从媒体大国到媒体强国——浅论中央电视台的国际化战略，《新闻爱好者》，2009/23：11-12。
[115] 王金涛，打造与国际一流媒体相适应的影视节目外销平台，《电视研究》，2009（01）：14-16。
[116] 杨公仆，《产业经济学教程》，上海：上海财经大学出版社，2008。
[117] 杨宏，《广播电视产业发展论》，成都：四川大学出版社，2005。
[118] 杨吉华，我国文化产业区域布局存在的问题及对策，《长白学刊》，2007（5）。
[119] 尹鸿，《电视竞争力与全球化时代的传媒理念》，北京：CCTV 调研中心，2009。
[120] 喻国明、张小争，《传媒竞争力》，北京：华夏出版社，2005。
[121] 詹姆斯·沃克、道格拉斯·弗格森，《美国广播电视产业》，北京：清华大学出版社，2005。
[122] 张力伟、孔峥，《本土化中国电视产业研究》，北京：北京广播学院出版社，2004。
[123] 张毓强，2009：中国国际传播事业三个重要转变，《国际新闻界》，2010（02）：36-40；国家社会科学规划基金项目“中国国际新闻报道研究”的阶段性研究成果，项目号：05BXW003。
[124] 朱金玉、巢立明，《中国广播电视业发展战略》，上海：上海人民出版社，2005。
[125] 周鸿铎，《媒介组合策略》，北京：经济管理出版社，2005。
[126] 周鸿铎，《传媒经济“三论说”》，北京：社会科学文献出版社，2006。
[127] 周劲，《传媒治理理论与模式的中国式建构》，北京：人民出版社，2008。